U0710445

吕氏春秋

中华经典藏书

张双棣　张万彬　殷国光　陈涛　译注

中華書局

图书在版编目(CIP)数据

吕氏春秋/张双棣,张万彬,殷国光,陈涛译注. —北京:中华书局,2016.1(2022.10 重印)
(中华经典藏书)
ISBN 978-7-101-11461-4

Ⅰ.吕… Ⅱ.①张…②张…③殷…④陈… Ⅲ.①杂家②《吕氏春秋》-注释③《吕氏春秋》-译文 Ⅳ.B229.2

中国版本图书馆 CIP 数据核字(2016)第 000290 号

书　　名	吕氏春秋
译 注 者	张双棣　张万彬　殷国光　陈　涛
丛 书 名	中华经典藏书
责任编辑	王守青
责任印制	陈丽娜
出版发行	中华书局
	(北京市丰台区太平桥西里 38 号　100073)
	http://www.zhbc.com.cn
	E-mail:zhbc@zhbc.com.cn
印　　刷	三河市宏达印刷有限公司
版　　次	2016 年 1 月第 1 版
	2022 年 10 月第 9 次印刷
规　　格	开本/880×1230 毫米　1/32
	印张 9⅞　插页 2　字数 150 千字
印　　数	79001-89000 册
国际书号	ISBN 978-7-101-11461-4
定　　价	20.00 元

前　言

《吕氏春秋》是先秦的一部重要典籍，有着十分丰富的内容。它的哲学思想、政治思想以及它所保留的科学文化方面的历史资料，是我们民族的一份珍贵遗产，我们应该给予充分的重视，进行深入的研究。这对我们了解战国末期的思想政治文化状况，具有重要的意义。

一

《吕氏春秋》是秦相吕不韦召集诸门客集体编纂的一部著作，吕不韦作为主持人，这部著作基本体现了他的思想。

吕不韦，濮阳人，阳翟的富商，家累千金。他曾在赵国的首都邯郸经商。当时秦王的庶孙异人正在邯郸做人质。因为他在秦国的地位低下，赵国对他很不礼貌，他的处境十分窘迫。吕不韦看到这种情况，认为时机到了，他说："此奇货也，不可失。"当时秦昭襄王立安国君为太子，而安国君最宠幸的华阳夫人没有子嗣。吕不韦抓住这点，便游说异人，说可以帮助他回国登上王位。异人十分感激，说："必如君策，请得分秦国与君共之。"吕不韦通过各种手段，首先博得华阳夫人的信任，使子楚（华阳夫人是楚国人，异人改名子楚）成为安国君的太子。安国君继承王位不到一年便去世，子楚顺利成为秦国的国君，即庄襄王。庄襄王即位后，拜吕不韦为丞相，封为文信侯，食河南洛阳十万户。吕不韦一跃成为秦国最有权势的人。

吕不韦在庄襄王、秦王政时期为相十三年。庄襄王在位三年而死，秦王政即位时仅十三岁，尊吕不韦为相国，号称仲父。此时秦国的大政方针，都由吕不韦掌控。吕不韦主政时期，为秦国完成统一大业，作出了积极的贡献。吕不韦主张并致力于对六国的战争，亲自率军消灭东周，使作为号召力的形式上的周天子不复存在，这是对东方诸侯的一次沉重打击。吕不韦主政时期，对六国发动一连串的战争，取得重大胜利，大大扩展了秦国的疆域，为秦国统一天下奠定了坚实的基础。在内政方面，吕不韦一反秦国传统的独尊法家的政策，广收天下之士，尤其是引进大量儒士。在经济上，吕不韦在主张尚农的同时，也鼓励工商，他曾说："凡民自七尺以上者属诸三官，农攻粟，工攻器，贾攻货。"当时秦国的工商业者"礼抗万乘，名显天下"，都是吕不韦鼓励工商的政策的结果。秦国经济的全面发展，为它消灭六国统一天下奠定了丰厚的物质基础。然而吕不韦内政方面的诸多政策，与秦王政是格格不入的。所以秦王政在亲政后的第二年，便以吕不韦牵连嫪毐与太后的事件为借口，免去了吕不韦的丞相之职，使他回河南封邑。两年以后，又怕他作乱，将他徙居蜀地。吕不韦见大势已去，便饮鸩自杀。

二

吕不韦在秦王政六年（公元前 239 年），即秦王政亲政前两年，召集天下名士，共同编纂了《吕氏春秋》。吕不韦是这部书的主持人，这部书体现了吕不韦的思想。吕不韦为什么在这个时候做这样一部书呢？要弄清这个问题，还是要从当时的政治形势入手来分析。当时，秦国统一天下的大势已定，六国诸侯已无力阻挡这一历史潮流。吕不韦清楚地认识到这一形势，并且凭着他政治家的敏感，感到秦国统一天下已经不是很困难的事了，而保持住天下才是真正困难的事。他说："胜非其难者也，持之其难者也。"作为相国的吕不韦，他必须考虑统一后的秦国如何治理，实行什么政策才能使秦国长治久安。吕不韦不同意用自秦孝公以来几乎处于独尊地位的法家思想作为治国的基本国策，他必须提出自己的理论，作为统一的秦帝国的治国纲领。这一部《吕氏春秋》就是他为秦帝国维持长治久安所提出的治国方略。他曾公开宣示自己的主张，将《吕氏春秋》“布咸阳市门，悬千金其上，延诸侯游士宾客有能增损一字者予千金”。吕不韦企图以相国之位，仲父之尊，迫使秦王政完全依照自己的主张行事，使自己的主张定于一尊，从而维持秦国的长治久安，也维持他自己的权势地位。如果说战国时期百家并起是与诸侯纷争的政治形势相适应的，那么，《吕氏春秋》的出现，也正是适应秦国统一天下的需要的。

《吕氏春秋》是一部结构体系十分完备的著作，这在先秦著作中是绝无仅有的。它的结构体系是经过精心安排、精心设计的，自成一个系统。全书分为三个部分：纪、览、论。“纪”按春夏秋冬十二个月份为十二纪，如春分三纪，孟春、仲春、季春。每纪包括五篇文章，总共 60 篇。“览”按照内容分为八览，每览八篇，八八六十四篇（第一览有始览缺一篇，现有 63 篇）。“论”也是按内容分为六论，每论六篇，六六三十六篇。还有一篇序意，即全书的序言（今本已残缺），放在十二纪后边。总括起来《吕氏春秋》全书共 160 篇，结构完整，自成体系。

现在所能见到的《吕氏春秋》最早的版本是元代至正年间的刻本。明代出现一批刻本。通行的本子是清代毕沅的校本。现在又有许维遹的《吕氏春秋集释》、陈奇猷的《吕氏春秋校释》，今注今译本有北京大学出版社的《吕氏春秋译注（修订本）》。

三

《吕氏春秋》的哲学思想具有朴素的唯物主义和朴素的辩证法的性质。它明显地受到道家思想的影响，而又对道家思想进行了较大的改造，摒弃了道家思想中某些唯心的成分。

关于宇宙本源的认识，是战国时期各家学派争论的焦点。《吕氏春秋》继承并发挥了唯物主义的精气说，认为宇宙的本源是一种极其精微的物质即精气，这种精气又叫做太一，又称作道。正是由于这种精气或太一或道的运动和结合而产生千姿百态、性质迥异的天地万物。《吕氏春秋》在二千多年前，能够认识到宇宙是由物质的精气构成，是十分难能可贵的。

由于《吕氏春秋》对宇宙本源的认识，它对天道的认识也具有唯物的性质。他认为天是由精气构成的自然的天，并不是什么有意志的万物的主宰。他认为“类同相召，气同则合，声比则应”，自然界中同类事物之间都有一种客观的联系，不是什么超物质的意识在起作用。《吕氏春秋》不相信鬼神，不承认天命。它认为人的生死不是什么命中注定，而是一种客观的必然性。他说：“凡生于天地之间，其必有死，所不免也。”《吕氏春秋》认为宇宙万物是不断运动的，而且没有终极。《吕氏春秋》还流露了对事物的辩证的认识。它认为事物是互相依存的，他说：“小之定也必恃大，大之安也必恃小，小大贵贱，交相为恃。”而且可以互相转化，这种转化是有一定的条件为前提的。没有适当的条件，转化就无法产生。

《吕氏春秋》的哲学思想具有朴素的唯物性质，也有一定的辩证色彩，值得深入研究，赋予它恰当的历史地位。

四

《吕氏春秋》作为治国纲领，提出了一整套政治主张。它的政治主张的基础是“法天地”。它认为只有顺应天地自然的本性，才能达到清平盛世。因此，虚君实臣、民本德治成为《吕氏春秋》政治思想的核心。

《吕氏春秋》主张君道虚，臣道实。它认为人类应该按照天地的关系来建立君臣的关系。天无形而万物以成，君主就要如同天一样，没有具体的形象，是空灵无为的。君主要养性保真，以达到无为而治。君主为什么一定要无为呢？它认为，君主与众人一样，受到外界环境的制约而有局限性。要克服这种局限性，就必须充分发挥臣下的聪明才智，让臣下去各司其职。否则，君主有所为，就会使臣下阿主之为，有过则无以责之。所以他说："君道无知无为而贤于有知有为。"君主的无为就是有为，就是无不为。怎样才能做到无为而无不为呢？《吕氏春秋》认为最主要的是君主加强自身的修养，治其身，反诸己。治身是治天下的根本。他说："为国之本，在于为身。"其次是必须求贤用贤。他说："古之善为君者，劳于论人而佚于官事，得其经也。"又说："得贤人，国无不安，名无不荣。"第三是要正名审分设立官职，使百官各司其职，尽其力。"百官各处其职、治其事，以待主，主无不安矣；以此治国，国无不利矣"。

《吕氏春秋》除了提出虚君实臣的思想之外，还提出一整套以民本思想为基础、以仁政德治为核心的治国方略。

民本思想是儒家思想尤其是孟子思想中的重要组成。《吕氏春秋》吸收了儒家这种思想的精华，使之成为自己政治理论的重要方面。它认为，民众是国家存亡安危的关键，它说："人主有能以民为务者，则天下归之矣。"治理天下首先要得民心，要得民心，就要切实地为民众禳除灾祸，创造福祉。它说："古之君民者，仁义以治之，爱利以安之，忠信以导之，务除其灾，思致其福。"在民本思想的基础上，《吕氏春秋》提出了以德治为主以赏罚为辅的方针。他认为用德政治国，民众就会亲近其上，就会为君主效死力。它说："行德爱人，则民亲其上，民亲其上，则皆乐为其君死矣。"用德政治国，就会通达无阻，无往而不胜。同时，它认为在施行德政的前提下，赏罚可以作为一种辅助手段，但只是一种辅助手段而已。不可没有，也不可专恃。它反对以赏罚替代德政，它说："严刑厚赏，此衰世之政也。"在《吕氏春秋》的德政思想中，教育和音乐占有特别突出的地位。三夏纪中集中阐述了教育和音乐对治国的重要作用。《吕氏春秋》有《劝学》篇，鼓励人们加强学习。它认为学习可以使人们知晓理义，做到忠孝。它说："不知理义，生于不学。"同时有《尊师》篇，专门论述老师的重要作用以及为师的原则与方法。《吕氏春秋》也十分重视音乐，它认为音乐有潜移默化移风易俗的功效。它说："凡音乐通乎政，而移风平俗者也。"又说："治世之音安以乐，其政平也；乱世之音怨以怒，其政乖也；亡国之音悲以哀，其政险也。"正因为音乐对政治有这么大的作用，所以在《吕氏春秋》的德治中，音乐占有十分突出的位置。

作为德政的补充，《吕氏春秋》主张顺应民心的义兵，诛暴君以振苦民。这种思想是与秦国要用战争兼并六国统一天下相一致的。

总之，《吕氏春秋》的政治思想是以儒家思想为主导，以经过改造的道家思想为基础，兼采各家对它有用的成分融合而成的吕氏独特的政治思想。这种思想的产生适应了时代发展的需要。

五

《吕氏春秋》的价值，除了它的哲学思想和政治思想之外，还在于它保存了大量的先秦史料和科学文化方面的珍贵资料。研究战国史的著作，已多所利用《吕氏春秋》所保存的史料。这里不详述，仅就它所保留的科学文化方面的内容作些简单的介绍。

《吕氏春秋》保存了很多古代卫生医学方面的知识。他认为人体有"三百六十节、九窍、五藏、六府"，各个器官有各自的生理要求，能够满足它们的要求，疾病就不会发生。因此它要求人们在饮食、情欲、运动等各方面都要多所注意。比如在饮食方面，它要求饮食要按时，要无饥无饱，这样才能保养五脏，没有病灾。在情欲方面，它要求有所节制，不得擅行。在运动方面，强调精气的流通，身体要运动，否则精气就会郁结而生病。它说:“肥肉厚酒，务以自强，命之曰烂肠之食。”“靡曼皓齿，郑卫之音，务以自乐，命之曰伐性之斧。”“出则以车，入则以辇，务以自佚，命之曰招蹷之机。”

《吕氏春秋》记述了音乐的起源及原始音乐。它详细论述了音乐起源的过程，说明了音乐与生活的直接关系。同时，它第一次比较全面地记载了我国乐律的六律六吕及其计算法的三分损益法，是研究古代音乐史的宝贵资料。

《吕氏春秋》还有不少天文历法方面的记载，它第一次完整地记载了九野及二十八宿的名称，并且记载了每月太阳、月亮所在的位次，以及与之相应的物候特征、节气的原始形态等。这些对研究古代天文物候都是十分可贵的。

特别需要说到的是，《吕氏春秋》有四篇关于农业的文章，它保留了我国最早的农业生产技术，是研究战国及其以前的农业发展情况的极其珍贵的资料。

我们这里只就《吕氏春秋》的情况作了简单的介绍，要想真正了解《吕氏春秋》，还是要认真读《吕氏春秋》原文。本书只是节选了其中部分有代表性的章节，有兴趣的读者，可以参看《吕氏春秋》的全本。

作者

2015 年 12 月

目　录

纪

览

论

孟春纪·本生

“本生”就是把保全生命作为根本。文章认为外物既可以养生，又可以伤生，而保全生命的方法在于正确地处理人与外物的关系。圣人重生轻物，“以物养性（生命）”，对于外物“利于性则取之，害于性则舍之”，因而能够“全其天（生命）”。富贵之人多为外物所惑，重物轻生，“以性养物”，对物质享受贪求不已，这样做的结果必然导致伤生亡国。作者的这些议论，是为规劝骄奢淫逸的君主而发的，其思想主要源于杨朱一派的“贵己”学说。

始生之者，天也；养成之者，人也。能养天之所生而勿撄之谓天子[①]。天子之动也，以全天为故者也[②]。此官之所自立也[③]。立官者，以全生也。今世之惑主，多官而反以害生，则失所为立之矣[④]。譬之若修兵者，以备寇也。今修兵而反以自攻，则亦失所为修之矣。

【注释】

①撄（yīng）：触犯。

②天：指天所生育的生命。故：事。

③此官之所自立也：这是职官设立的来由。官，职官。自，从。

④所为（wèi）立之：指设立职官的目的。

【译文】

最初创造出生命的是天，养育生命并使它成长的是人。能够保养上天创造的生命而不摧残它，这样的人称作天子。天子一举一动都是把保全生命作为要务的。这是职官设立的来由。设立职官，正是用以保全生命啊。如今世上糊涂的君主，大量设立官职却反而因此妨害生命，这就失去了设立职官的本来意义了。譬如训练军队，是用以防备敌寇的。可是如今训练军队却反而用以攻杀自己，那就失去了训练军队的本来意义了。

夫水之性清，土者扫之[①]，故不得清。人之性寿，物者扫之，故不得寿。物也者，所以养性也[②]，非所以性养也[③]。今世之人，惑者多以性养物，则不知轻重也[④]。不知轻重，则重者为轻，轻者为重矣。若此，则每动无不败。以此为君，悖；以此为臣，乱；以此为子，狂。三者国有一焉，无幸必亡[⑤]。

【注释】

①抇（gǔ）：搅浑，搅乱。

②性：生命。

③以性养：用生命供养外物。指损耗生命去追求外物。

④轻：喻物。重：喻身。

⑤无幸必亡：无可幸免，必定灭亡。

【译文】

水本来是清澈的，泥土使它浑浊，所以水无法保持清澈。人本来是可以长寿的，外物使他迷乱，所以人无法达到长寿。外物本来是供养生命的，不该损耗生命去追求它。可是如今世上糊涂的人多损耗生命去追求外物，这样做是不知轻重。不知轻重，就会把重的当做轻的，把轻的当做重的了。像这样，无论做什么，没有不失败的。持这种态度做君主，就会惑乱糊涂；做臣子，就会败乱纲纪；做儿子，就会狂放无礼。这三种情况，国家只要有其中一种，就无可幸免，必定灭亡。

今有声于此，耳听之必慊已[①]，听之则使人聋，必弗听。有色于此，目视之必慊已，视之则使人盲，必弗视。有味于此，口食之必慊已，食之则使人喑[2]，必弗食。是故圣人之于声色滋味也，利于性则取之，害于性则舍之[3]，此全性之道也。世之贵富者，其于声色滋味也，多惑者。日夜求，幸而得之则遁焉[4]。遁焉，性恶得不伤[5]？

【注释】

①慊（qiè）：满足，惬意。已：表示确定语气。

②喑（yīn）：哑。

③害于性则舍之：本书《贵生》篇："耳虽欲声，目虽欲色，鼻虽欲芬香，口虽欲滋味，害于生则止。"

④遁：这里的意思是放纵不能自禁。

⑤恶（wū）：何，怎么。

【译文】

假如有这样一种声音，耳朵听到它肯定感到惬意，但听了就会使人耳聋，人们一定不会去听。假如有这样一种颜色，眼睛看到它肯定感到惬意，但看了就会使人眼瞎，人们一定不会去看。假如有这样一种食物，嘴巴吃到它肯定感到惬意，但吃了就会使人声哑，人们一定不会去吃。因此，圣人对于声音、颜色、滋味的态度是，有利于生命的就取用，有害于生命的就舍弃，这是保全生命的方法。世上富贵的人对于声色滋味的态度大多是糊涂的。他们日日夜夜地追求这些东西，幸运地得到了，就放纵自己不能自禁。放纵自己不能自禁，生命怎么能不受伤害？

万人操弓，共射其一招[1]，招无不中。万物章章[②]，以害一生，生无不伤；以便一生，生无不长。故圣人之制万物也，以全其天也。天全，则神和矣，目明矣，耳聪矣，鼻臭矣[③]，口敏矣，三百六十节皆通利矣[④]。若此人者，不言而信，不谋而当，不虑而得；精通乎天地，神覆乎宇宙；其于物无不受也，无不裹也，若天地然；上为天子而不骄，下为匹夫而不惛[⑤]。此之谓全德之人。

【注释】

①招：射的目标，箭靶。

②章章：繁盛的样子。

③臭（xiù）：这里指嗅觉灵敏。

④三百六十节：指人的周身所有关节。《素问·六节藏象论》："计人亦有三百六十五节。"这里是取其整数。以人的关节总数为三百六十五，是为和周天三百六十五度相配，这是阴阳五行学说"天人相应"的观点。利：通畅。

⑤惛（mèn）：通"闷"，忧闷。

【译文】

一万人拿着弓箭，共同射向一个目标，这个目标没有不被射中的。万物繁盛茂美，如果用以伤害一个生命，那么这个生命没有不被伤害的；如果用以养育一个生命，那么这个生命没有不长寿的。所以圣人制约万物，是用以保全自己生命的。生命全然无损，精神就和谐了，眼睛就明亮了，耳朵就灵敏了，嗅觉就敏锐了，口齿就伶俐了，全身的筋骨就通畅舒展了。像这样的人，不用说话就有信义，不用谋划就会得当，不用思考就有所得；他们的精神通达天地，覆盖宇宙；对于外物，他们无不承受，无不包容，就像天地一样；他们上做天子而不骄傲，下做百姓而不忧闷。像这样的人，称得上是德行完全的人。

贵富而不知道，适足以为患，不如贫贱。贫贱之致物也难，虽欲过之，奚由[①]？出则以车，入则以辇，务以自佚[②]，命之曰“招蹷之机”[③]。肥肉厚酒，务以自强，命之曰“烂肠之食”。靡曼皓齿[④]，郑卫之音[⑤]，务以自乐，命之曰“伐性之斧”。三患者，贵富之所致也。故古之人有不肯贵富者矣，由重生故也；非夸以名也，为其实也。则此论之不可不察也。

【注释】

①奚：何。

②佚（yì）：安逸，逸乐。

③招蹷（jué）之机：导致人脚生病的器械。蹷，病名。这里指脚不能行走。

④靡曼皓齿：指美色。靡曼，皮肤细腻。皓，洁白。

⑤郑卫之音：春秋战国时郑、卫两国的民间音乐。从孔子“放郑声”、“郑声淫”起，古人历来都视之为淫靡之音、乱世之音。

【译文】

富贵而不懂得养生之道，正足以成为祸患，与其这样，还不如贫贱。贫贱的人获得东西很难，即使想要过度地沉湎于物质享受之中，又从哪儿去弄到呢？出门乘车，进门坐辇，务求安逸舒适，这种车辇应该叫做“招致脚病的器械”。吃肥肉，喝醇酒，极力勉强自己吃喝，这种酒肉应该叫做“腐烂肠子的食物”。迷恋女色，陶醉于淫靡之音，极尽享乐，这种美色、音乐应该叫做“砍伐生命的利斧”。这三种祸患都是富贵所招致的。所以古代就有不肯富贵的人了，这是由于重视生命的缘故；并不是用轻视富贵钓取虚名来夸耀自己，而是为保全生命。既然这样，那么以上这些道理是不可不明察的。

孟春纪·去私

本篇以尧舜禅让、祁奚荐贤、腹䵍诛子几个事例，从不同角度说明何谓去私；指出君主只有“诛暴而不私”，才能成就王霸之业。文中记述的几则故事，今天仍可作为借鉴。

天无私覆也，地无私载也，日月无私烛也[1]，四时无私行也。行其德而万物得遂长焉[2]。

【注释】

①烛：动词，照明。

②遂：成。

【译文】

天覆盖万物，没有偏私；地承载万物，没有偏私；日月普照万物，没有偏私；春夏秋冬更迭交替，没有偏私。天地、日月、四季施其恩德，于是万物得以成长。

黄帝言曰："声禁重，色禁重，衣禁重，香禁重，味禁重，室禁重[1]。"

【注释】

①"声禁重"六句：大意是，音乐、色彩、衣服、香料、饮食、宫室都要适当，禁止过度。重，过甚。按：这段意思与上下文无关，通篇也无此意，疑为后人转写错误而混入本篇。

【译文】

黄帝说过："音乐禁止淫靡，色彩禁止眩目，衣服禁止厚热，香料禁止浓烈，饮食禁止丰美，宫室禁止高大。"

尧有子十人，不与其子而授舜；舜有子九人，不与其子而授禹[1]：至公也。

【注释】

①尧、舜、禹：都是传说中上古时代的圣王。

【译文】

尧有十个儿子，但他不把帝位传给自己的儿子而传给了舜；舜有九个儿子，但他不把帝位传给自己的儿子而传给了禹：他们是最公正无私的了。

晋平公问于祁黄羊曰[①]：“南阳无令[②]，其谁可而为之？”祁黄羊对曰：“解狐可[③]。”平公曰；“解狐非子之雠邪[④]？”对曰：“君问可，非问臣之雠也。”平公曰：“善。”遂用之。国人称善焉[⑤]。居有间[⑥]，平公又问祁黄羊曰：“国无尉[⑦]，其谁可而为之？”对曰：“午可[⑧]。”平公曰：“午非子之子邪？”对曰：“君问可，非问臣之子也。”平公曰：“善。”又遂用之。国人称善焉。孔子闻之曰：“善哉！祁黄羊之论也，外举不避雠，内举不避子。”祁黄羊可谓公矣。

【注释】

①晋平公：春秋晋国国君，名彪，公元前557—前532年在位。祁黄羊：晋大夫，名奚，字黄羊。据《左传·襄公三年》的记载，祁奚荐贤的事发生在晋悼公之时。

②南阳：古地名，在今河南济源一带。令：县官。

③解（xiè）狐：晋大夫。

④雠（chóu）：仇敌。

⑤国人：居住在国都的自由民。焉：指示代词兼语气词。这里相当于“于彼”、“于此”。

⑥居有间（jiàn）：过了一段时间。

⑦尉：军尉，平时管理军政，战时兼任主将的御者。

⑧午：指祁午，祁黄羊之子。

【译文】

晋平公问祁黄羊说：“南阳缺个县令，谁可以担任这个职务？”祁黄羊回答说：“解狐可以。”平公说：“解狐不是你的仇人吗？”祁黄羊回答说：“您问谁可以担任这个职务，不是问谁是我的仇人。”平公称赞说：“好！”就任用了解狐。国人对此都说好。过了一段时间，平公又问祁黄羊说：“国家缺个军尉，谁可以担任这个职务？”祁黄羊回答说：“祁午可以。”平公说：“祁午不是你的儿子吗？”回答说：“您问谁可以担任这个职务，不是问谁是我的儿子。”平公称赞说：“好！”就又任用了祁午。国人对此又都说好。孔子听说了这件事，说：“祁黄羊的这些话太好了！推举外人不回避仇敌，推举家人不回避儿子。”祁黄羊可称得上公正无私了。

墨者有钜子腹䵍[①]，居秦，其子杀人，秦惠王曰[②]：“先生之年长矣，非有他子也，寡人已令吏弗诛矣，先生之以此听寡人也[③]。”腹䵍对曰：“墨者之法曰：‘杀人者死，伤人者刑。’此所以禁杀伤人也。夫禁杀伤人者，天下之大义也。王虽为之赐[④]，而令吏弗诛，腹䵍不可不行墨者之法。”不许惠王，而遂杀之。子，人之所私也[5]。忍所私以行大义[6]，钜子可谓公矣。

【注释】

①墨者：指战国时的墨家学派，创始人为墨翟。钜子：等于说“大师”。战国时墨家对本学派有重大成就的人的称呼。他书或作“巨子”。腹䵍（tūn）：人名。腹，姓。䵍，名。

②秦惠王：战国秦国国君，名驷，公元前337—前311年在位。

③“先生”句：本书《不屈》篇这句话作“欲先生之以此听寡人也”。之，介词，这里的作用是把主谓句转化为偏正词组。以，相当“于”。

④为之赐：赐给我恩惠。之，代腹䵍自己。

⑤私：偏爱。

⑥忍：忍心。这里是忍心杀掉的意思。

【译文】

墨家有个大师腹䵍住在秦国，他的儿子杀了人。秦惠王对腹䵍说：“先生您的年纪已经很大了，又没有别的儿子，我已经下令给司法官不杀他了，希望先生您在这件事上听从我的话吧。”腹䵍回答说：“墨家的法律规定：‘杀人者处死，伤人者受刑。’这样做为的是严禁杀人、伤人。严禁杀人、伤人，这是天下的大理。大王您虽然赐给我恩惠，命令司法官不杀我的儿子，但是我腹䵍却不可不执行墨家的法律。”腹䵍没有应允惠王，最终杀了自己的儿子。儿子，是人们所偏爱的。墨家大师腹䵍忍心杀掉自己心爱的儿子去遵行天下大理，可算得上公正无私了。

庖人调和而弗敢食[①]，故可以为庖。若使庖人调和而食之，则不可以为庖矣。王伯之君亦然[②]。诛暴而不私[③]，以封天下之贤者，故可以为王伯。若使王伯之君诛暴而私之，则亦不可以为王伯矣。

【注释】

①调和：指调和五味。

②王伯之君：成就王霸之业的君主。王、伯，用如动词。

③私：占为己有。

【译文】

厨师调和五味而不敢私自食用，所以可以做厨师。假使厨师调和五味而私自把它吃掉，那么这样的人就不可以做厨师了。成就王霸之业的君主也是如此。诛杀暴君，自己却不占有他的土地，而是把它分封给有德之人，所以能够成就王霸之业。假使他们诛杀暴君而把他的土地占为己有，那么这样的君主就不能成就王霸之业了。

仲春纪·功名

本篇旨在论述为君之道。文章以大量生动的比喻说明：要达到目的，必“由其道”。条件具备了，方法对头了，自然水到渠成，否则徒劳无益。本篇劝诫君主要重视人心的向背，指出“欲为天子，民之所走，不可不察”，“所以示民，不可不异”，反映了作者的民本思想。

由其道，功名之不可得逃，犹表之与影[①]，若呼之与响[②]。善钓者，出鱼乎十仞之下，饵香也；善弋者，下鸟乎百仞之上，弓良也；善为君者，蛮夷反舌殊俗异习皆服之[③]，德厚也。水泉深则鱼鳖归之，树木盛则飞鸟归之，庶草茂则禽兽归之[④]，人主贤则豪杰归之。故圣王不务归之者[⑤]，而务其所以归[⑥]。

【注释】

①表：古代测日影、定时刻所立的标竿。

②响：回声。

③蛮夷：古代南方民族称蛮，东方民族称夷。这里泛指华夏之外的四方各族。反舌：指四方各族语音与华夏不同。

④庶草：众草，百草。

⑤务：勉力从事。

⑥所以归：使……归附的条件。

【译文】

遵循一定的途径猎取功名，功名就无法逃脱，正像日影无法摆脱测日影用的标竿，回声必然伴随呼声一样。善于钓鱼的人能把鱼从十仞深的水下钓出来，这是由于钓饵香美的缘故；善于射猎的人能把鸟从百仞高的空中射下来，这是由于弓好的缘故；善于做君主的人能够使四方各族归顺他，这是由于恩德崇厚的缘故。水泉很深，鱼鳖就会游向那里；树木繁盛，飞鸟就会飞向那里；百草茂密，禽兽就会奔向那里；君主贤明，豪杰就会归依他。所以，圣明的君主不勉强使人们归依，而是尽力创造使人们归依的条件。

强令之笑不乐[①]；强令之哭不悲；强令之为道也，可以成小[②]，而不可以成大。

【注释】

①强（qiǎng）令：硬性命令。

②小：这里指虚名。

【译文】

强制出来的笑不快乐；强制出来的哭不悲哀；强制命令这种做法只可以成就虚名，而不能成就大业。

缶醯黄[①]，蜹聚之[②]，有酸；徒水则必不可。以狸致鼠[③]，以冰致蝇，虽工[④]，不能。以茹鱼去蝇[⑤]，蝇愈至，不可禁，以致之之道去之也。桀、纣以去之之道致之也，罚虽重，刑虽严，何益？

【注释】

①缶（fǒu）：瓦器。圆腹，小口，有盖，用以汲水或盛流质。醯（xī）：醋。

②蜹（ruì）：同“蚋”，蚊类。

③狸（lí）：这里指猫。

④工：精巧。

⑤茹（rú）：腐臭。

【译文】

瓦器中的醋黄了，蚊子之类就聚在那里了，那是因为有酸味的缘故；如果只是水，就一定招不来它们。用猫招引老鼠，用冰招引苍蝇，纵然做法再巧妙，也达不到目的。用臭鱼驱除苍蝇，苍蝇会越来越多，不可禁止，这是由于用招引它们的方法去驱除它们的缘故。桀纣企图用破坏太平安定的暴政求得太平安定的局面，惩罚即使再重，刑法即使再严，又有什么益处？

大寒既至，民暖是利[①]；大热在上，民清是走[②]。故民无常处，见利之聚[③]，无之去[④]。欲为天子，民之所走，不可不察。今之世，至寒矣，至热矣，而民无走者，取则行钧也[⑤]。欲为天子，所以示民，不可不异也。行不异乱，虽信令[⑥]，民犹无走。民无走，则王者废矣，暴君幸矣，民绝望矣。故当今之世，有仁人在焉，不可而不此务；有贤主，不可而不此事。

【注释】

①民暖是利：等于说“民利暖”。下句“民凊是走”即“民走凊”的意思。

②凊（qìng）：凉爽。走：奔向。

③见利之聚：聚于见利之处。

④无之去：等于说“无利之去”。

⑤钧：通“均”。

⑥信：通“伸”。

【译文】

严寒到了，人民就追求温暖；酷暑临头，人民就奔向清凉之地。因此，人民没有固定的居处，他们总是聚集在可以看到利益的地方，离开那些没有利益的地方。想要做天子的，对于人民奔走的原因不可不仔细察辨。如今的人世，寒冷到极点了，炎热到极点了，而人民之所以不奔向谁，是由于天下君主所作所为都是同样的坏啊！所以，想做天子的人，他显示给人民的不可不与此有区别。如果君主的言行与暴乱之君没有什么不同，那么即使下命令，人民也不会趋附他。如果人民不趋附谁，那么，成就王业的人就不会出现了，暴君就庆幸了，人民就绝望了。所以，在今天的世上如果有仁义之人在，不可不勉力从事这件事；如果有贤明的君主在，不可不致力于这件事。

贤不肖不可以不相分①，若命之不可易，若美恶之不可移。桀、纣贵为天子，富有天下，能尽害天下之民，而不能得贤名之②。关龙逄、王子比干能以要领之死争其上之过③，而不能与之贤名。名固不可以相分，必由其理。

【注释】

①不相分：“不”字误衍。分，分给。

②不能得贤名之：指获“桀”、“纣”恶名。贼人多杀

曰桀，残义损善曰纣。

③关龙逄：夏桀之臣，传说夏桀暴虐无道，关龙逄极力劝谏，被桀所杀。王子比干：殷纣的叔伯父（一说纣的庶兄）。传说纣荒淫暴虐，比干犯颜强谏，被纣剖心而死。要：古“腰”字。领：脖子。争（zhèng）：诤谏。这个意义后来写作“诤”。

【译文】

贤明的名声与不肖的名声全由自己的言行而定，不能由别人给予，这就像命运不可更改，美恶不可移易一样。桀、纣贵为天子，富有天下，能遍害天下的人，但是却不能为自己博得一个好名声。关龙逄、王子比干能以死谏诤其君的过错，却不能给他们争得好名声。名声本来就不能由别人给予，它只能遵循一定的途径获得。

季春纪·尽数

本篇旨在论述养生之道。“尽数”就是终其寿数、终其天年的意思。文章指出，终其天年的关键在于“去害”，在于“知本”。“去害”即避害。作者认为五味、五情以及寒、热、燥、湿等自然环境，只要超过正常限度就会对生命造成危害。“知本”就是要了解生命的本源。作者认为，“精气”是宇宙万物之本。正是由于精气的作用，构成了千姿百态、性质迥异的万物。这种朴素的唯物的“精气说”发生在二千多年以前，应该说是很可贵的。文中说，精气“集于圣人，与为夐明”，这种说法混淆了物质与精神的界限，这自然是一个很大的缺陷。作者还从物质运动的角度看待疾病的发生，指出，“精气”在人体内的郁结是疾病产生的根源。这种说法从现代自然科学的观点看来，尚缺乏科学根据，但仍不失为一种朴素的唯物的观点。本篇的名言，“流水不腐，户枢不蝼”，至今脍炙人口，仍然富于教益。

天生阴阳、寒暑、燥湿、四时之化、万物之变，莫不为利，莫不为害。圣人察阴阳之宜，辨万物之利以便生①，故精神安乎形②，而年寿得长焉。长也者，非短而续之也，毕其数也③。毕数之务④，在乎去害⑤。何谓去害？大甘、大酸、大苦、大辛、大咸⑥，五者充形则生害矣⑦。大喜、大怒、大忧、大恐、大哀，五者接神则生害矣⑧。大寒、大热、大燥、大湿、大风、大霖、大雾⑨，七者动精则生害矣⑩。故凡养生，莫若知本，知本则疾无由至矣。

【注释】

①便生：给生命带来益处。便，利。

②安：止，守。

③毕：尽。数：指寿数，人的自然的寿命。

④务：要务。

⑤乎：于。去：避开。

⑥大：指过分、超过正常限度。辛：辣。

⑦充：塞。形：形体，与文中“精”、“神”相对。

⑧接神：与精神接合。

⑨霖：霖雨，连下几天的大雨。

⑩动：摇动。精：指人体内的精气。

【译文】

天生出阴阳、寒暑、燥湿，以及四时的更替、万物的变化，没有一样不给人带来益处，也没有一样不对人产生危害。圣人能洞察阴阳变化的合宜之处，能辨析万物的有利一面，以利于生命，因此，精、神安守在形体之中，寿命能够长久。所谓长久，不是说寿命本来短而使它延长，而是使寿命终其天年。终其天年的关键在于避开危害。什么叫避开危害？过甜、过酸、过苦、过辣、过咸，这五种东西充满形体，那么生命就受到危害了。过喜、过怒、过忧、过恐、过哀，这五种东西和精神交接，那么生命就受到危害了。过冷、过热、过燥、过湿、过多的风、过多的雨、过多的雾，这七种东西摇动人的精气，那么生命就受到危害了。所以，凡是养生，没有比懂得这个根本再重要的了，懂得了根本，疾病就无从产生了。

精气之集也①，必有入也②。集于羽鸟，与为飞扬③；集于走兽，与为流行④；集于珠玉，与为精朗⑤；集于树木，与为茂长；集于圣人，与为夐明⑥。精气之来也，因轻而扬之⑦，因走而行之，因美而良之，因长而养之⑧，因智而明之。

【注释】

①精气：指形成万物的阴阳元气。中国古代朴素的唯物者认为，精气是一种原始物质，它可以变化生成万物，而万物的生长变化是精气的表现和作用。

②入：这里指所入之形。

③与：等于说“因”，凭借。

④流：流动。这里引申为行走。

⑤精朗：据下文当作“精良”。

⑥敻（xiòng）明：聪明睿智。敻，远。

⑦因：依。轻：指轻盈的形体，即上文的“羽鸟”之类。扬：使……飞翔。下文四句，句例与此相同。

⑧长：指具有生长特性的形体，即上文的“树木”之类。

【译文】

精气聚集在一起，一定要有所寄托。聚集在飞禽上，便表现为飞翔；聚集在走兽上，便表现为行走；聚集在珠玉上，便表现为精美；聚集在树木上，便表现为繁茂；聚集在圣人身上，便表现为聪明睿智。精气到来，依附在轻盈的形体上就使它飞翔，依附在可以跑动的形体上就使它行走，依附在具有美好特性的形体上就使它精美，依附在具有生长特性的形体上就使它繁茂，依附在具有智慧的形体上就使它聪明。

流水不腐，户枢不蝼[①]，动也。形气亦然[②]。形不动则精不流，精不流则气郁[③]。郁处头则为肿、为风[④]，处耳则为挶、为聋[⑤]，处目则为𥈭、为盲[⑥]，处鼻则为鼽、为窒[⑦]，处腹则为张、为疛[⑧]，处足则为痿、为蹷[⑨]。

【注释】

①户枢（shū）：门上的转轴。蝼（lóu）：蝼蛄，天蝼。秦、晋之间谓之“蠹（dù）”（见扬雄《方言》、戴震《方言疏证》）。这里指生虫蛀蚀。

②气：我国古医家把人体生理上的新陈代谢、内部机

能活动的原动力称作“气”。

③郁：郁结，滞积。

④处：在。肿、风：都是头部疾病。肿，指头肿。风，指面肿。

⑤挶（jū）：耳病。

⑥䁾（miè）：眼眶红肿。

⑦鼽（qiú）、窒：都指鼻道堵塞不通。

⑧张（zhàng）：腹部胀满。这个意义后来写作“胀”。疛（zhǒu）：小腹疼痛。

⑨痿、蹷：都是脚病。

【译文】

流动的水不会腐恶发臭，转动的门轴不会生虫朽烂，这是由于不断运动的缘故。人的形体、精气也是这样。形体不活动，体内的精气就不运行；精气不运行，气就滞积。滞积在头部就造成肿疾、风疾，滞积在耳部就造成挶疾、聋疾，滞积在眼部就造成䁾疾、盲疾，滞积在鼻部就造成鼽疾、窒疾，滞积在腹部就造成胀疾、疛疾，滞积在脚部就造成痿疾、蹷疾。

轻水所①，多秃与瘿人②；重水所③，多尰与躄人④；甘水所，多好与美人⑤；辛水所⑥，多疽与痤人⑦；苦水所，多尪与伛人⑧。

【注释】

①轻水：含盐分及其他矿物质过少的水。所：处所，

地方。

②瘿（yǐng）：颈部生囊状瘤。

③重水：含盐分及其他矿物质过多的水。

④尰（zhǒng）：脚肿。躄（bì）：不能行走。

⑤好、美：这里都指身体健美。

⑥辛水：水味辛辣。

⑦疽（jū）：结成块状的毒疮。浮浅者为痈（yōng），深厚者为疽。痤（cuó）：痈。

⑧尪（wāng）：骨骼弯曲症。胫、背、胸骨骼弯曲都称"尪"。伛（yǔ）：脊背弯曲。

【译文】

水中含盐分及其他矿物质过少的地方，多有头上无发和颈上生瘤的人；水中含盐分及其他矿物质过多的地方，多有脚肿和瘘躄不能行走的人；水味甜美的地方，多有美丽和健康的人；水味辛辣的地方，多有生长疽疮和痈疮的人；水味苦涩的地方，多有患鸡胸和驼背的人。

凡食，无强厚味[①]，无以烈味重酒[②]，是以谓之疾首[③]。食能以时，身必无灾。凡食之道，无饥无饱，是之谓五藏之葆[④]。口必甘味，和精端容，将之以神气[⑤]，百节虞欢[⑥]，咸进受气[⑦]。饮必小咽，端直无戾[⑧]。

【注释】

①强厚：指具有浓烈厚味的食物，即下文的"烈味"、

"重酒"。味：涉下句而衍。

②烈、重：都是浓烈的意思。

③疾首：导致疾病的开端。

④五藏（zàng）：即五脏，指脾、肺、肾、肝、心。葆（bǎo）：安。古医家以"胃为五藏之本"，认为"五藏皆禀气于胃"（《素问·玉机真藏论》），所以这里说"食之道，无饥无饱，是之谓五藏之葆"，意思是要使胃得到调和，胃调和，五脏就安适了。

⑤将：养。神气：即精气、精神。

⑥百节：指周身关节。本书《达郁》篇说："凡人三百六十节"，说"百节"，称其全数。虞：娱，舒适。

⑦咸：都。受气：受到精气的滋养。

⑧戾：乖戾。这里是扭转的意思。

【译文】

凡饮食，不要滋味过浓，不吃厚味，不饮烈酒，它是招致疾病的开端。饮食能有节制，身体必然没灾没病。饮食的原则，要保持不饥不饱的状态，这样五脏就能得到安适。一定要吃可口的食物；进食的时候，要精神和谐，仪容端正，用精气将养，这样，周身就舒适愉快，都受到了精气的滋养。饮食一定小口下咽，坐要端正，不要歪斜。

今世上卜筮祷祠①，故疾病愈来。譬之若射者，射而不中，反修于招②，何益于中？夫以汤止沸③，沸愈不止，去其火则止矣。故巫医毒药④，逐除治之，故古之人贱之也，为其末也。

【注释】

①上：尚，崇尚。卜筮（shì）：卜用龟甲，筮用蓍（shī）草。祷祠：祈神求福叫祷，得福后祭神报谢叫祠。

②招：箭靶。

③汤：滚开的水。也指热水。

④毒药：这里指治病的药物，其味多苦辛，故称毒药。

【译文】

如今社会上崇尚占卜祈祷，所以疾病反而愈增。这就像射箭的人，射箭没有射中箭靶，不纠正自己的毛病，反而去修正箭靶的位置，这对射中箭靶能有什么帮助？用滚开的水阻止水的沸腾，沸腾越发不能阻止，撤去下面的火，沸腾自然就止住了。巫医、药物其作用只能驱鬼治病，所以古人轻视这些东西，因为这些东西对于养生来说只是细枝末节啊！

季春纪·论人

本篇旨在论述君主“论人”的方法。“论人”就是衡量、识别人。文章指出，君主“论人”，最好的方法是“反诸己”，其次是“求诸人”。所谓“反诸己”就是向自身求得，就是让自己顺乎自然，处于“无为”的境界。这样就能知道事物的精微，事理的玄妙，就能“得一”，无往不胜。所谓“求诸人”，是说向别人寻求。文章指出，“论人”要听言观行，要在不同的环境中加以考察识别。对外要用“八观六验”，对内要用“六戚四隐”，这样“人之情伪、贪鄙、美恶无所失矣”。

主道约[①]，君守近[②]。太上反诸己[③]，其次求诸人。其索之弥远者[④]，其推之弥疏[⑤]；其求之弥强者[⑥]，失之弥远。

【注释】

①约：简约，简单。

②守：指所遵守、奉行的原则。

③太：最。

④索：寻求。之：代上文“主道”、“君守”。弥：益，更加。

⑤疏：远。

⑥强：用力。

【译文】

做君主的方法很简单，君主要奉行的原则就在近旁。最高的是向自身求得，其次是向别人寻求。越向远处寻求的，离开它就越远；寻求它越花力气的，失掉它就越远。

何谓反诸己也？适耳目，节嗜欲，释智谋[①]，去巧故[②]，而游意乎无穷之次[③]，事心乎自然之涂[④]。若此则无以害其天矣[⑤]。无以害其天则知精[⑥]，知精则知神[⑦]，知神之谓得一[⑧]。

【注释】

①释：舍弃。

②巧故：伪诈。

③无穷之次：指无限的空间，即道家所推崇的虚无境界。次，泛指所在之处。

④事：等于说“立”。自然之涂：指无为的境界。自然，天然。涂，同“途”，路。

⑤天：指身心。

⑥精：精微。

⑦神：指事理的玄妙。

⑧一：指道。道家把“一”看作是数之始，物之极，故称“一”为道。

【译文】

什么叫向自身求得呢？使耳目适度，节制嗜好欲望，放弃智巧计谋，摒除虚浮伪诈，让自己的意识在无限的空间中遨游，让自己的思想立于无为的境界。像这样，就没有什么可以危害自己的身心了。没有什么危害自己的身心，就能够知道事物的精微；知道事物的精微，就能够懂得事理的玄妙；懂得事理的玄妙，就叫作得道。

凡彼万形，得一后成。故知一①，则应物变化，阔大渊深，不可测也；德行昭美②，比于日月③，不可息也④；豪士时之⑤，远方来宾，不可塞也⑥；意气宣通⑦，无所束缚，不可收也⑧。故知知一，则复归于朴⑨，嗜欲易足，取养节薄⑩，不可得也⑪；离世自乐，中情洁白，不可量也⑫；威不能惧，严不能恐，不可服也。故知知一，则可动作当务⑬，与时周旋，不可极也⑭；举错以数⑮，取与遵理，不可惑也；言无遗者，集肌肤[16]，不可革也[17]；谗人困穷，贤者遂兴，不可匿也。故知知一，则若天地然，则何事之不胜[18]？何物之不应？譬之若御者，反诸己，则车轻马利[19]，致远复食而不倦。

【注释】

①故知一：当重“知”字，作“故知知一”。知一，等于说“得一”。

②昭：彰明。

③比：并列。

④息：灭。

⑤时：随时。之：至。

⑥塞：遏止。

⑦意气：指精神、元气。宣：疏通。

⑧收：守，束缚。

⑨朴：指本性。

⑩养：指养身之物。节：节制。薄：少。

⑪得：这里指被人占有、支配。

⑫量：疑为“墨”字之误。墨，染黑。

⑬当（dàng）务：与事合宜。

⑭极：穷，困窘。

⑮错：通“措”，安放。数：礼数，礼仪。

⑯集肌肤：与肌肤相接为人所感知。集，通“接”。

⑰革：改变。

⑱胜：任。

⑲利：疾，快。

【译文】

那万物，得道而后才能生成。所以，懂得得道的道理，就会适应事物的变化，博大精深，不可测度；德行就会彰明美好，与日月并列，不可熄灭；豪杰贤士就会随时到来，从远方来归，不可遏止；精神、元气就会畅通，无所束缚，不可拘守。所以懂得得道的道理，就会重新返朴归真，嗜欲容易满足，所取养身之物少而有节制，不可支配；就会超脱世俗，怡然自乐，内心洁白，不可污染；就会威武不能使他恐惧，严厉不能使他害怕，不可屈服。所以懂得得道的道理，就会举动与事合宜，随着时势应酬交际，不可困窘；就会举止依照礼数，取与遵循事理，不可迷乱；就会言无过失，感于肌肤，不可改变；就会奸人窘困，贤者显达，不可隐匿。所以懂得得道的道理，就会像天地一样，那么，什么事情不能胜任？什么事情不能得当？这就像驾驭马车的人，反躬自求，就会车轻马快，即使跑很远的路再吃饭，中途也不会疲倦。

昔上世之亡主，以罪为在人，故日杀僇而不止[①]，以至于亡而不悟。三代之兴王，以罪为在己，故日功而不衰[②]，以至于王。

【注释】

①僇（lù）：通“戮”，杀戮。

②功：建立功业。

【译文】

过去，古代亡国的君主认为罪在别人，所以每天杀戮不停，以至于亡国仍不醒悟。夏、商、周三代兴旺发达的君王，认为罪在自己，所以每天勤于功业，从不松懈，以至于成就了王者大业。

何谓求诸人？人同类而智殊，贤不肖异，皆巧言辩辞，以自防御，此不肖主之所以乱也。

【译文】

什么叫向别人寻求？人同类而智慧不同，贤与不肖相异，人们都用花言巧语来替自己防范，这是昏君惑乱的缘故。

凡论人，通则观其所礼[①]，贵则观其所进[②]，富则观其所养，听则观其所行，止则观其所好，习则观其所言，穷则观其所不受，贱则观其所不为。喜之以验其守[③]，乐之以验其僻，怒之以验其节，惧之以验其特[④]，哀之以验其人[⑤]，苦之以验其志。八观六验，此贤主之所以论人也。论人者，又必以六戚四隐[⑥]。何谓六戚？父、母、兄、弟、妻、子。何谓四隐？交友、故旧、邑里、门郭[⑦]。内则用六戚四隐，外则用八观六验，人之情伪、贪鄙、美恶无所失矣。譬之若逃雨污，无之而非是[⑧]。此先圣王之所以知人也。

【注释】

①通：显达，处境顺利。与下文“穷”相对。

②进：举荐。

③喜：使……高兴。下文“乐”、“怒”、“惧”、“哀”、“苦”都是“使……”的意思。

④特：出众，卓异。这里指卓异的品行。

⑤人：通“仁”。

⑥四隐：指四种亲近的人。隐，私。

⑦邑里：乡亲，邻居。门郭：当作门郎，指左右亲近的人。

⑧“譬之”二句：大意是，就像是避雨，所往之处无一处没有雨水，无所逃避。之，往。是，指代“雨污”。

【译文】

大凡衡量、评定人：如果他显达，就考察他礼遇的都是什么人；如果他尊贵，就考察他举荐的都是什么人；如果他富有，就观察他赡养的都是什么人；如果他听言，就观察他采纳的都是什么；如果他闲居在家，就观察他喜好的都是什么；如果他学习，就观察他说的都是什么；如果他困窘，就观察他不接受的都是什么；如果他贫贱，就观察他不做的都是什么。使他高兴，借以检验他的节操；使他快乐，借以检验他的邪念；使他发怒，借以检验他的气度；使他恐惧，借以检验他卓异的品行；使他悲哀，借以检验他的仁爱之心；使他困苦，借以检验他的意志。以上八种观察和六项检验，就是贤明的君主用以衡量、评定人的方法。衡量、评定别人又一定用六戚、四隐。什么叫六戚？即父、母、兄、弟、妻、子六种亲属。什么叫四隐？即朋友、熟人、乡邻、亲信四种亲近的人。在内凭着六戚、四隐，在外凭着八观、六验，这样人们的真伪、贪鄙、美恶就能完全知晓、没有遗漏了。就像是避雨一样，所往之处无一处没有雨水，无所逃避。这就是先代圣王用以识别人的方法。

孟夏纪·诬徒

所谓“诬徒”就是欺骗弟子的意思。

本篇旨在论述教学的道理。文章提出，理想的教学效果应该是“使弟子安焉、乐焉、休焉、游焉、肃焉、严焉”，而要达到理想的教学效果，必须讲求教学方法。作者根据“人之情，不能乐其所不安，不能得于其所不乐”，提出了“视徒如己，反己以教”、“师徒同体”等教学基本原则，这些都是很重要的。文章以大量篇幅批评了不善于教学的老师“志气不和”、“喜怒无处”、“言谈日易”、“愎过自用”、趋炎附势，嫉妒成性的错误；批评了不善于求学的人“用心则不专”、“就业则不疾”、“辩论则不审”、“羁神于世”、“矜势好尤”的错误治学态度；从反面论证了教育与治学所应采取的正确的态度与方法。

达师之教也[①]，使弟子安焉、乐焉、休焉、游焉、肃焉、严焉[②]。此六者得于学，则邪辟之道塞矣，理义之术胜矣[③]；此六者不得于学，则君不能令于臣，父不能令于子，师不能令于徒。

【注释】

①达师：通达事理的老师。

②安：安心。休：安闲。游：优游，悠闲自得。

③术：道。胜：等于说“行”。

【译文】

通达事理的老师施行教育，能使学生安心、快乐、安闲、从容、庄重、严肃。这六方面在教学中实现了，那么邪僻的路就堵死了，正义之道就通行了；这六方面在教学中不能实现，那么君主就不能支使臣下，父亲就不能支使儿子，老师就不能支使学生。

人之情，不能乐其所不安，不能得于其所不乐。为之而乐矣，奚待贤者？虽不肖者犹若劝之[①]。为之而苦矣，奚待不肖者？虽贤者犹不能久。反诸人情，则得所以劝学矣。

【注释】

①犹若：犹然，仍然。劝：努力从事。

【译文】

人之常情，不能喜欢自己所不安心的事物，不能从自己所不喜欢的事物中有所得。一件事如果做起来就感到快乐，不用说贤人，即使不肖的人仍然会努力去做。一件事如果做起来就感到苦恼，不用说不肖的人，即使贤人同样不能持久。从人之常情出发，就会得到勉励人们学习的道理了。

子华子曰[①]："王者乐其所以王，亡者亦乐其所以亡，故烹兽不足以尽兽[②]，嗜其脯则几矣[③]。"然则王者有嗜乎理义也[④]，亡者亦有嗜乎暴慢也[⑤]。所嗜不同，故其祸福亦不同。

【注释】

①子华子：古代道家人物。

②烹：煮。尽兽：尽食所煮的野兽。

③嗜（shì）：喜好。脯（fǔ）：干肉。几：近，差不多。

④有：这里有"专"的意思。

⑤暴慢：残暴较慢。

【译文】

子华子说："成就王业的人乐意做那些使自己成就王业的事，国破家亡的人也乐意做那些使自己灭亡的事，所以煮食禽兽不可能把所煮的禽兽吃尽，人们专吃自己爱吃的肉就够了。"如此说来，成就王业的人专喜好理义，国破家亡的人专喜好暴慢。他们的喜好不同，因此他们所得到的祸福也不同。

不能教者：志气不和，取舍数变，固无恒心[①]，若晏阴喜怒无处[②]；言谈日易，以恣自行[③]；失之在己，不肯自非，愎过自用[④]，不可证移[⑤]；见权亲势及有富厚者[⑥]，不论其材，不察其行，敺而教之[⑦]，阿而谄之[⑧]，若恐弗及；弟子居处修洁[⑨]，身状出伦[⑩]，闻识疏达[⑪]，就学敏疾[⑫]，本业几终者[⑬]，则从而抑之，难而悬之[⑭]，妒而恶之；弟子去则冀终[⑮]，居则不安[⑯]，归则愧于父母兄弟，出则惭于知友邑里，此学者之所悲也，此师徒相与异心也。人之情，恶异于己者，此师徒相与造怨尤也[⑰]。人之情，不能亲其所怨，不能誉其所恶，学业之败也，道术之废也，从此生矣。

【注释】

①固：本来。

②晏：晴朗无云。处：常。

③恣（zì）：放纵。

④愎（bì）过：坚持错误。愎，任性，执拗。

⑤证：谏。移：改变。

⑥权亲势：当作“亲权势”。

⑦敺：同“驱”，驰。

⑧阿（ē）：曲从，迎合。谄（chǎn）：谄媚，巴结奉承。

⑨居处：指平时、日常。修洁：指操守清白美善。

⑩身状：即身貌。出伦：出众。伦，同辈，同类。

⑪疏达：等于说“通达”。这里是广博的意思。

⑫就学：学生去向老师请教。敏：疾速。
⑬本业：指主要的学业。
⑭难：诘难。悬：这里有疏远的意思。
⑮冀：希望。终：卒业。
⑯居：止，留下。
⑰怨尤：怨恨不满。"怨"、"尤"义同。

【译文】

不善于教育人的老师：心志不和谐，取舍一再变化，根本没有恒心，就像天气的晴阴一样喜怒无常；言谈一天一变，放纵自己的行为；过失在于自己，却不肯自我批评，坚持错误，自以为是，不能接受意见而有所改变；亲近有权有势的人和富有的人，不衡量他们的才能，不考察他们的品行，急忙跑去教他们，迎合奉承他们，唯恐不及；对于学生中平时操守清白美善、品貌出众、见识广博、勤于向老师请教、接近完成学业的人，却由此压制他们，诘难疏远他们，妒嫉厌恶他们；学生想要离去却又希望完成学业，而留下来又不安心，回家愧见父母兄弟，出门愧见挚友乡亲，这是求学的人所悲伤的，这是由于老师和学生彼此心志不同的缘故。人之常情，憎恶跟自己心志不合的人，这是老师和学生彼此结下怨恨的原因。人之常情，不能爱自己所怨恨的人，不能称颂自己所憎恶的人，学业的败坏，道术的废弃，就由此产生了。

善教者则不然。视徒如己，反己以教，则得教之情矣。所加于人，必可行于己，若此则师徒同体。人之情，爱同于己者，誉同于己者，助同于己者，学业之章明也[①]，道术之大行也，从此生矣。

【注释】

①章：彰明。

【译文】

善于教育人的老师就不是这样。他们看待学生如同自己一样，设身处地施行教育，这样就掌握教育的真谛了。凡施加给别人的，自己一定能够做到，像这样，就做到师生一体了。人之常情，喜爱跟自己心志相同的人，称颂跟自己心志相同的人，帮助跟自己心志相同的人，学业的彰明，道术的普遍推行，就由此产生了。

不能学者，从师苦而欲学之功也[①]，从师浅而欲学之深也。草木、鸡狗、牛马，不可谯诟遇之[②]，谯诟遇之，则亦谯诟报人[③]，又况乎达师与道术之言乎？故不能学者：遇师则不中[④]，用心则不专，好之则不深，就业则不疾，辩论则不审[⑤]，教人则不精[⑥]；于师愠[⑦]，怀于俗，羁神于世，矜势好尤[⑧]，故湛于巧智[⑨]，昏于小利，惑于嗜欲；问事则前后相悖，以章则有异心[⑩]，以简则有相反；离则不能合[⑪]，合则弗能离，事至则不能受[⑫]。此不能学者之患也。

【注释】

①苦（gǔ）：通“盬”，粗劣。功：精良。

②谯诟：疑即"谟诟（xǐgòu）"，粗暴、过分的意思。

③"谯诟"二句：草木无知，其"谯诟报人"之义正如《庄子·则阳》中所说："昔予为禾，耕而卤莽之，则其实亦卤莽而报予；芸而灭裂之，其实亦灭裂而报予。"（为禾，种谷。卤莽，草率，粗糙。实，果实，指生穗结谷。芸，除草。灭裂，苟且，胡乱从事。）

④中：通"忠"。

⑤不审：指是非不明。

⑥教：效法。

⑦于师愠（yùn）：当作"愠于师"。愠，恼怒。

⑧矜（jīn）势：自恃权势。尤：罪过，过失。

⑨湛（chén）：同"沉"，没，沉溺。

⑩章：明。这里指言辞详明。有：通"又"。

⑪离则不能合：大意是，分散的事情不会综合。

⑫事：从事，努力。至：极。受：这里有成的意思。

【译文】

不善于学习的人，跟随老师学习粗心大意，却想学得精通；跟随老师学习浅尝辄止，却想学得深入。草木、鸡狗、牛马，不可粗暴地对待它们，如果粗暴地对待它们，那它们也会粗暴地报复人；草木、鸡狗、牛马尚且如此，又何况对待通达事理的老师和道术的传授呢？所以，不善于学习的人：对待老师不忠诚，用心不专一，爱好不深入，求学不努力，辩论不明是非，效法别人不精心；怨恨老师，安于凡庸，精神被时务所束缚，自恃权势，好犯过失，所以沉溺于巧诈，迷恋于小利，惑乱于嗜欲；问事则前后矛盾，言辞详明则又与心相异，言辞简约则又与意相反；分散的事不会综合，复杂的事不会分析，即使再费力气也不能有所成就。这是不善于学习的人的害处啊！

孟夏纪·用众

本篇旨在论述为学的道理。文章开始以齐王食鸡为喻，指出：“物固莫不有长，莫不有短，人亦然。”因此，“无丑不能，无恶不知”，要善于“假人之长以补其短”。这些看法很有见地。作者把善学同君道联系起来，指出善于博采众长是立君之本，是三皇五帝之所以大建功名的原因。文章强调了众人的作用，指出：“以众勇无畏乎孟贲矣，以众力无畏乎乌获矣，以众视无畏乎离娄矣，以众知无畏乎尧、舜矣。”这反映了新兴地主阶级对民心民力的重视。

善学者，若齐王之食鸡也，必食其跖数千而后足[①]；虽不足，犹若有跖。物固莫不有长，莫不有短。人亦然。故善学者，假人之长以补其短[②]。故假人者遂有天下。无丑不能[③]，无恶不知[④]。丑不能，恶不知，病矣[⑤]。不丑不能，不恶不知，尚矣[⑥]。虽桀、纣犹有可畏可取者，而况于贤者乎？

【注释】

①跖（zhí）：指鸡爪掌。

②假：凭借，利用。

③无：通“毋”，不可。丑：以……为耻。

④恶（è）：与“丑”义同。

⑤病：困窘。

⑥尚：上。

【译文】

善于学习的人像齐王吃鸡一样，一定要吃上几千鸡跖而后才满足；即使不够，仍然有鸡跖可供取食。事物本来无不有长处，无不有短处。人也是这样。所以，善于学习的人能取别人的长处来弥补自己的短处。因此，善于吸取众人长处的人便能占有天下。不要把不能看作羞耻，不要把不知看作耻辱。把不能看作羞耻，把不知看作耻辱，就会陷入困境。不把不能看作羞耻，不把不知看作耻辱，这是最高的。即使桀、纣那样的暴君尚且有令人敬畏、可取之处，更何况贤人呢？

故学士曰[①]：辩议不可不为[②]。辩议而苟可为[③]，是教也[④]。教，大议也。辩议而不可为，是被褐而出[⑤]，衣锦而入[⑥]。

【注释】

①学士：本指在学的贵族子弟。这里指有学问的人。

②不可不为：当作“不可为”。

③苟：如果。

④是教也：意思是，这是指施教者而言。

⑤被（pī）褐：被，披。褐，兽毛或粗麻制成的短衣，古时贫贱之人所穿。这里比喻没有学问，愚昧无知。

⑥衣锦：锦，锦衣，华美的丝织衣裳，古时富贵之人所穿。这里比喻学业已成，贤明通达。

【译文】

所以有学问的人说：求学者不可使用辩议。如果说辩议可以使用的话，这是指施教者而言。施教才需要大议。求学者不使用辩议，就可以由无知变为贤达，这就像穿着破衣服出门，穿着华丽的衣服归来一样。

戎人生乎戎、长乎戎而戎言[①]，不知其所受之；楚人生乎楚、长乎楚而楚言，不知其所受之。今使楚人长乎戎，戎人长乎楚，则楚人戎言，戎人楚言矣。由是观之，吾未知亡国之主不可以为贤主也，其所生长者不可耳。故所生长不可不察也。

【注释】

①戎：古代泛指我国西部的少数民族。

【译文】

戎人生在戎地，长在戎地，而说戎人的语言，自己却不知是从哪里学来的；楚人生在楚地，长在楚地，而说楚人的语言，自己却不知是从哪里学来的。假如让楚人在戎地生长，让戎人在楚地生长，那么楚人就说戎人的语言，戎人就说楚人的语言了。由此看来，我不相信亡国的君主不可能成为贤明的君主，只不过是他们所生长的环境不允许罢了。因此，对于人们所生长的环境不可不注意考察啊！

天下无粹白之狐[①]，而有粹白之裘，取之众白也。夫取于众，此三皇五帝之所以大立功名也。凡君之所以立，出乎众也。立已定而舍其众，是得其末而失其本。得其末而失其本，不闻安居。故以众勇无畏乎孟贲矣[②]，以众力无畏乎乌获矣[③]，以众视无畏乎离娄矣[④]，以众知无畏乎尧、舜矣。夫以众者，此君人之大宝也。

【注释】

①粹（cuì）：纯粹。

②孟贲：战国时卫国的勇士，据说可以“生拔牛角”。

③乌获：战国时秦国的大力士。

④离娄：传说为黄帝时视力最好的人，“能见针末于百

步之外”。一名“离朱”。

【译文】

天下没有纯白的狐狸，却有纯白的狐裘，这是从许多白狐狸的皮中取来制成的。善于从众人中吸取长处，这正是三皇五帝大建功名的原因。大凡君主的确立，都是凭借着众人的力量。君位一经确立就舍弃众人，这是得到细枝末节而丧失了根本。凡是得到细枝末节而丧失了根本的君主，从未听说过他的统治会安定稳固。所以，依靠众人的勇敢就不惧怕孟贲了，依靠众人的力气就不惧怕乌获了，依靠众人的眼力就不惧怕离娄了，依靠众人的智慧就不惧怕赶不上尧、舜了。依靠众人，这是统治人民的根本大法。

田骈谓齐王曰[1]：“孟贲庶乎患术[2]，而边境弗患。”楚、魏之王辞言不说，而境内已修备矣，兵士已修用矣，得之众也。

【注释】

①田骈（pián）：战国时齐人，道家。

②庶乎患术：几乎苦于无法。庶，庶几，几乎。术，策略，办法。

【译文】

田骈对齐王说：“即使孟贲对于众人的力量也感到忧虑，无可奈何，因而齐国的边境无须担忧。”楚国、魏国的君主不贵言辞，而国内备战的各种设施已经修整完备了，兵士已经训练有素可以打仗了，这都是得力于众人的力量啊！

仲夏纪·大乐

本篇反映了儒家的音乐思想。文中提出，“世之学者有非乐者矣，安由出哉”，显然是针对墨家“非乐”说而发的，是对墨家“非乐”思想的否定。

本篇的天道观在《吕氏春秋》中是比较完整的。文章说：“太一出两仪，两仪出阴阳。”认为宇宙间的一切东西，包括天地，都是由“太一”派生出来的，“太一”是天地万物之本。那么什么是“太一”呢？文章说：“道也者，至精也，不可为形，不可为名，强为之，谓之太一。”“道”就是“太一”。《圜道》中说：“一也齐至贵，莫知其原，莫知其端，莫知其始，莫知其终，而万物以为宗。”可见，在《吕氏春秋》一书中，作为万物本原的“太一”、“道”、“一”，三者内涵是相同的。这与老子的“道生一,一生二,二生三,三生万物”有着根本不同。在老子学说中,“道”是“无”，是超乎“一”的虚构的观念。而在《吕氏春秋》中，“道”是“有”，是“太一”、“一”。因此，《吕氏春秋》中的自然观与宇宙起源说同《淮南子》中的“道始于一”是一致的，具有朴素唯物主义的性质。

关于宇宙变化的规律，本篇描述为“天地车轮，终则复始，极则复反”，陷入了简单的循环论。这种循环论，尽管在现在看来是十分浅陋的，但在当时，比之于那些认为万物永恒不变的观点来说，却已经是进步的了。

音乐之所由来者远矣。生于度量[①]，本于太一[②]。太一出两仪[③]，两仪出阴阳。阴阳变化，一上一下，合而成章[④]。浑浑沌沌[⑤]，离则复合，合则复离，是谓天常[⑥]。天地车轮[⑦]，终则复始，极则复反[⑧]，莫不咸当[⑨]。日月星辰，或疾或徐[⑩]，日月不同，以尽其行[⑪]。四时代兴，或暑或寒，或短或长，或柔或刚[⑫]。万物所出，造于太一[⑬]，化于阴阳。萌芽始震，凝澳以形[⑭]。形体有处，莫不有声。声出于和，和出于适[⑮]。和适先王定乐[⑯]，由此而生。

【注释】

①度量：指律管的长度、容积等。

②太一："道"的别称。天地万物的本原。

③出：生。两仪：天地。

④章：等于说"形"。

⑤浑浑沌沌：古人想象中世界生成以前的元气状态。

⑥天常：自然的永恒规律。

⑦轮：转动。

⑧极：终极。

⑨当：合宜。

⑩或：有的。

⑪行：行度。指运行的轨道。

⑫柔：柔和。这里指万物生发的春夏二季。刚：刚厉。这里指万物肃杀的秋冬二季。

⑬造：开始。

⑭凔（hán）：凝冻。

⑮适：合度。

⑯和适：二字疑衍。先王：指尧、舜、禹、汤、文王、武王等。

【译文】

音乐的由来相当久远了。它产生于度量，本源于太一。太一生天地，天地生阴阳。阴阳变化，一上一下，会合而成形体。浑浑沌沌地，分离了又会合，会合了又分离，这就叫做自然的永恒规律。天地像车轮一样转动，到尽头又重新开始，到终极又返回，无不恰到好处。日月星辰的运行，有的快，有的慢，日月轨道不同，都周而复始地运行在各自的轨道上。春夏秋冬更迭出现，有的季节炎热，有的季节寒冷；有的季节白天短，有的季节白天长；有的季节属柔，有的季节属刚。万物的产生，从太一开始，由阴阳生成。因阳而萌芽活动，因阴而凝炼成形。万物的形体各占一定的空间，无不发出声音。声音产生于和谐，和谐来源于合度。先王制定音乐，正是从这个原则出发。

天下太平，万物安宁，皆化其上①，乐乃可成。成乐有具②，必节嗜欲。嗜欲不辟③，乐乃可务④。务乐有术⑤，必由平出。平出于公，公出于道。故惟得道之人，其可与言乐乎！

【注释】

①上：当作“正”。

②具：准备。这里是条件的意思。

③辟：放纵。

④务：专力从事。

⑤术：方法。

【译文】

天下太平，万物安宁，一切都顺应正道，音乐才可以制成。制成音乐有条件，必须节制嗜欲。只有嗜欲不放纵，才可以专力从事音乐。从事音乐有方法，必须从平和出发。平和产生于公正，公正产生于道。所以只有得道的人，大概才可以跟他谈论音乐吧！

亡国戮民[①]，非无乐也，其乐不乐。溺者非不笑也[②]，罪人非不歌也，狂者非不武也[③]，乱世之乐有似于此。君臣失位，父子失处[④]，夫妇失宜，民人呻吟，其以为乐也，若之何哉？

【注释】

①戮（lù）民：遭受屠戮的人民。

②溺者非不笑也：《左传·哀公二十年》有“溺人必笑”句，这大概是当时的谚语。

③武：当作“舞”。这里是手足舞动的意思。

④失处：与“失位”义近，指丧失各自的本分，即父不行父道，子不行子道。

【译文】

被灭亡的国家，遭受屠戮的人民，不是没有音乐，只是他们的音乐并不表达欢乐。即将淹死的人不是不笑，即将处死的罪人不是不唱，精神狂乱的人不是不手舞足蹈，但是他们的笑、他们的唱、他们的舞蹈没有丝毫的欢乐，乱世的音乐与此相似。君臣地位颠倒，父子本分沦丧，夫妇关系失当，人民痛苦呻吟，以此制乐，又会怎样呢？

凡乐，天地之和、阴阳之调也。始生人者，天也，人无事焉。天使人有欲，人弗得不求；天使人有恶，人弗得不辟①。欲与恶，所受于天也，人不得与焉，不可变，不可易②。世之学者，有非乐者矣③，安由出哉？

【注释】

①辟：避开。这个意义后来写作“避”。

②易：改变。

③非乐者：指墨家学派，《墨子》中有《非乐》篇。非，否定。

【译文】

凡音乐都是天地和谐、阴阳调和的产物。最初生成人的是天，人不得参与其事。天使人有了欲望，人不得不追求；天使人有了憎恶，人不得不躲避。人的欲望和憎恶是从天那里禀承下来的，人不能自己做主，不可改变，不能移易。世上的学者有反对音乐的，他们的主张是根据什么产生的呢？

大乐[①]，君臣、父子、长少之所欢欣而说也[②]。欢欣生于平，平生于道。道也者，视之不见，听之不闻，不可为状[③]。有知不见之见、不闻之闻、无状之状者[④]，则几于知之矣。道也者，至精也，不可为形，不可为名，强为之名，谓之太一。

【注释】

①大乐：盛乐。指完美的音乐。

②说（yuè）：同“悦”，喜悦。

③为状：描绘出形状。

④不见之见：不见中包含着见。

【译文】

大乐是君臣、父子、老少欢欣、喜悦的产物。欢欣从平和中产生，平和的境界从道中产生。所谓道，看它，看不见；听它，听不到；也无法描绘出形状。有谁能够懂得在不见中包含着见，在不闻中包含着闻，在无形中包含着形，那他就差不多懂得道了。道这个东西是最精妙的，无法描绘出它的形状，无法给它命名，勉强给它起个名字，就叫它“太一”。

故一也者制令[①]，两也者从听[②]。先圣择两法一[③]，是以知万物之情[④]。故能以一听政者，乐君臣，知远近，说黔首[⑤]，合宗亲[⑥]；能以一治其身者，免于灾，终其寿，全其天[⑦]；能以一治其国者，奸邪去，贤者至，成大化[⑧]；能以一治天下者，寒暑适，风雨时，为圣人。故知一则明，明两则狂⑨。

【注释】

①一：即“太一”、“道”。

②两：指由“一”派生出的、非本原的东西。

③择：弃。法：用。

④情：实情。

⑤黔首：战国及秦代对人民的称谓。

⑥宗亲：指同母兄弟。后世也指同宗亲属。

⑦天：指天性。

⑧大化：广远深入的教化。

⑨明两：等于说“用两”。明，显扬。狂：惑乱。

【译文】

所以“一”处于制约、支配的地位，“两”处于服从、听命的地位。先代圣人弃“两”用“一”，因此知道万物生成的真谛。所以，能够用“一”处理政事的，可以使君臣快乐，远近和睦，人民欢悦，兄弟和谐；能够用“一”修养身心的，可以免于灾害，终其天年，保全天性；能够用“一”治理国家的，可以使奸邪远离，贤人来归，实现大治；能够用“一”治理天下的，可以使寒暑适宜，风雨适时，成为圣人。所以懂得用“一”就聪明，持“两”就惑乱。

仲夏纪·适音

本篇旨在论述儒家“和乐”的思想。文章指出，“和乐”必须具备两个前提，一是“心适”，一是“音适”。怎样才算“心适”？文章认为“四欲得，四恶除，则心适矣”。怎样才算“音适”？文章认为，要做到“衷”，即声音大小、清浊要适中。这样，“以适听适”，即以畅快的心情听适中的乐音，就达到“和”的境界了。文章强调了音乐的作用，指出：“凡音乐，通乎政而移风平俗者也”，“故先王之制礼乐也，非特以欢耳目，极口腹之欲也，将教民平好恶、行理义也”。这反映了儒家对于音乐的特殊重视。本篇指出了“欲”与“乐”的区别，这可以说是我国最早提出的美学上的主客观关系的理论。

耳之情欲声，心不乐，五音在前弗听[1]；目之情欲色，心弗乐，五色在前弗视[2]；鼻之情欲芬香，心弗乐，芬香在前弗嗅；口之情欲滋味，心弗乐，五味在前弗食[3]。欲之者，耳目鼻口也；乐之弗乐者[4]，心也。心必和平然后乐。心必乐，然后耳目鼻口有以欲之。故乐之务在于和心，和心在于行适[5]。

【注释】

①五音：宫、商、角、徵（zhǐ）、羽。这里泛指音乐。

②五色：青、黄、赤、白、黑。这里泛指各种色彩。

③五味：酸、苦、甘、辛、咸。这里泛指美味。

④之：相当于“与”。

⑤行适：行为合宜适中。

【译文】

耳朵的本能想要听声音，如果心情不愉快，即使音乐在耳边也不听；眼睛的本能想要看彩色，如果心情不愉快，即使色彩在眼前也不看；鼻子的本能想要嗅芳香，如果心情不愉快，即使香气在身边也不嗅；口的本能想要尝滋味，如果心情不愉快，即使美味在嘴边也不吃。有各种欲望的是耳、眼、鼻、口；而决定愉快或不愉快的是心情。心情必须平和，然后才能愉快。心情必须愉快，然后耳、眼、鼻、口才有各种欲望。所以，愉快的关键在于使心情平和，使心情平和的关键在于行为合宜适中。

夫乐有适，心亦有适。人之情：欲寿而恶夭[1]，欲安而恶危，欲荣而恶辱，欲逸而恶劳。四欲得，四恶除，则心适矣。四欲之得也，在于胜理[②]。胜理以治身，则生全以[③]；生全则寿长矣。胜理以治国，则法立；法立则天下服矣。故适心之务在于胜理。

【注释】

①夭：少壮而死。

②胜理：依循事物的规律。胜，等于说“任”。

③以：通“矣”。

【译文】

愉快有个适中问题，心情也有个适中问题。人的本性希望长寿而厌恶短命，希望安全而厌恶危险，希望荣誉而厌恶耻辱，希望安逸而厌恶烦劳。以上四种愿望得到满足，四种厌恶得以免除，心情就适中了。四种愿望能够获得满足，在于依循事物的情理。依循事物的情理来修身养性，生命就保全了；生命得以保全，寿命就长久了。依循事物的情理来治理国家，法度就建立了；法度建立起来，天下就服从了。所以，使心情适中的关键在于依循事物的情理。

夫音亦有适：太巨则志荡[①]，以荡听巨则耳不容，不容则横塞[②]，横塞则振；太小则志嫌[③]，以嫌听小则耳不充，不充则不詹[④]，不詹则窕[⑤]；太清则志危[⑥]，以危听清则耳谿极[⑦]，谿极则不鉴[⑧]，不鉴则竭；太浊则志下，志下听浊则耳不收，不收则不抟[⑨]，不抟则怒。故太巨、太小、太清、太浊，皆非适也。何谓适？衷[10]，音之适也。何谓衷？大不出钧[11]，重不过石[12]，小大轻重之衷也。黄钟之宫，音之本也[13]，清浊之衷也。衷也者，适也。以适听适则和矣。乐无太[14]，平和者是也。

【注释】

①太巨：过分巨大。荡：摇动。

②横塞：充溢阻塞。

③嫌：通“慊”（qiǎn），不满足。

④詹（dàn）：足。

⑤窕（tiǎo）：细而不满。

⑥危：高。

⑦谿（xī）极：空虚疲困。

⑧鉴：察，鉴别。

⑨抟（zhuān）：专一。

⑩衷：指声音大小清浊适中。

⑪大不出钧：指钟音律度最大不得超过钧所发之音。钧，通“均”，古代度量钟音律度的器具。

⑫重不过石：指钟的重量最重不得超过一石。石，古代重量单位，一百二十斤为一石。

⑬黄钟之宫，音之本也：古乐中的十二律以黄钟之宫为本，用“三分损益法”以次相生，所以说“黄钟之宫，音之本也”。黄钟之宫，古乐以律确定五音音高，用黄钟律所定的宫音，叫做黄钟之宫，又称黄钟宫。这是古乐中最基本的乐调之一。

⑭无：通“毋”。太：指上文“太巨”、“太小”、“太清、“太浊”。

【译文】

音乐也有个适中问题：声音过大就会使人心志摇荡，以摇荡之心听巨大的声音，耳朵就容纳不了，容纳不了就会充溢阻塞，充溢阻塞，心志就会摇荡；声音过小就会使人心志得不到满足，以不满足之心听微小的声音，耳朵就充不满，充不满就感到不够，不够，心志就会不满足；声音过清就会使人心志高扬，以高扬之心听轻清之音，耳朵就会空虚疲困，空虚疲困就听不清，听不清，心志就会衰竭；声音过浊就会使人心志低下，以低下之心听重浊之音，耳朵就拢不住音，拢不住音就专一不了，专一不了就会动气。所以，音乐的声音过大、过小、过清、过浊都不合宜。什么叫合宜？声音大小清浊适中就叫合宜。什么叫大小清浊适中？钟音律度最大不超过均的声音，钟的重量最重不超过一石，这就是小大轻重适中。黄钟律的宫音是乐音的根本，是清浊的基准。合乎基准就是合宜。以适中的心情听适中的声音就和谐了。音乐各方面都不要过分，平正和谐才合宜。

故治世之音安以乐[①]，其政平也；乱世之音怨以怒，其政乖也[②]；亡国之音悲以哀，其政险也。凡音乐，通乎政而移风平俗者也。俗定而音乐化之矣。故有道之世，观其音而知其俗矣，观其政而知其主矣[③]。故先王必托于音乐以论其教。清庙之瑟[4]，朱弦而疏越[5]，一唱而三叹[6]，有进乎音者矣[7]。大飨之礼[8]，上玄尊而俎生鱼[9]，大羹不和[10]，有进乎味者也。故先王之制礼乐也，非特以欢耳目[11]，极口腹之欲也，将教民平好恶、行理义也[12]。

【注释】

①以：相当于“而”。

②乖：乖谬。

③观其政而知其主矣：此句前脱“观其俗而知其政矣”。

④清庙：宗庙。宗庙肃然清静，所以称为清庙。瑟：古代一种拨弦乐器，形似古琴。

⑤疏越（huó）：镂刻的小孔。疏，镂刻。越，穴，瑟底的小孔。

⑥一唱而三叹：宗庙奏乐，一人唱歌，三人应和。唱，领唱，也作“倡”。叹，继声和唱。这里是说，宗庙祭祀，奏乐演唱规模很小。

⑦进：这里是超出的意思。

⑧大飨（xiǎng）：古代一种祭祀。集合远近祖先神主于太庙会祭。

⑨上：献上。玄尊：盛玄酒的酒器。玄酒，指上古行祭礼时所用的水。水本无色，古人习以为黑色，故称“玄酒”。俎（zǔ）：古代祭祀时用的礼器。这里用如动词，把……盛在俎中。

⑩大（tài）羹：古代祭祀时所用的带汁的肉。和：指

调和五味。古代大飨祭祀“上玄尊而俎生鱼，大羹不和”，这是表明先王崇尚饮食之本。

⑪特：只，仅仅。

⑫平：端正。

【译文】

所以，太平盛世的音乐安宁而快乐，是由于它的政治安定；动乱时代的音乐怨恨而愤怒，是由于它的政治乖谬；濒临灭亡的国家的音乐悲痛而哀愁，是由于它的政治险恶。大凡音乐，与政治相通，并起着移风易俗的作用。风俗的形成是音乐潜移默化的结果。所以，政治清明的时代，考察它的音乐就可以知道它的风俗了，考察它的风俗就可以知道它的政治了，考察它的政治就可以知道它的君主了。因此，先王一定要通过音乐来宣扬他们的教化。宗庙里演奏的瑟，安着朱红色的弦，底部刻有小孔；宗庙之乐，只由一人领唱，三人应和，其意义已经超出音乐本身了。举行大飨祭礼时，只献上盛水的酒器，俎中盛着生鱼，大羹不调和五味，其意义已经超出滋味本身了。所以，先王制定礼乐的目的，不仅仅是用来使耳目欢愉、尽力满足口腹的欲望，而是要教导人们端正好恶、实施理义啊。

季夏纪·音初

本篇旨在论述我国古代音乐东西南北诸音调的始创，所以题为“音初”。本篇保留了许多古代传说，有的富于神话色彩，这些对于研究我国古代音乐的发生发展很有参考价值。当然，由于作者的时代与阶级的局限，把音乐的产生归结为个人（主要是帝王）的行为，这种历史唯心主义的观点是难免的。文章提出“凡音者，产乎人心者也”，并攻击作为新声的“郑卫之声”、“桑间之音”，这些都反映了儒家的音乐思想。

夏后氏孔甲田于东阳萯山[①]。天大风，晦盲[②]，孔甲迷惑[③]，入于民室。主人方乳[④]，或曰："后来[⑤]，是良日也，之子是必大吉[⑥]。"或曰："不胜也[⑦]，之子是必有殃。"后乃取其子以归，曰："以为余子[⑧]，谁敢殃之[⑨]？"子长成人，幕动坼橑[⑩]，斧斫斩其足[⑪]，遂为守门者[⑫]。孔甲曰："呜呼！有疾，命矣夫！"乃作为"破斧"之歌，实始为东音[⑬]。

【注释】

①夏后氏孔甲：夏君，禹的第十四代孙，桀的曾祖。孔甲，名。田：打猎。这个意义后来写作"畋"。东阳萯（fù）山：古地名。

②盲：暝，昏暗。

③迷惑：这里指迷失方向。

④乳：生子。

⑤后：君，指孔甲。

⑥之：这。是：通"实"。

⑦不胜也：意思是，享受不了这个福分。不胜，经受不住。

⑧余：我。

⑨殃：害。

⑩幕：帐幕。坼（chè）：裂。橑（liáo）：屋椽。

⑪斩：绝，断。

⑫遂为守门者：古代多用断足者担任守门之职。

⑬东音：东方的音乐。

【译文】

夏君孔甲在东阳萯山打猎。天刮起大风，天色昏暗，孔甲迷失了方向，走进一家老百姓的屋子。这家人家正生孩子，有人说："君主到来，这是好日子啊，这个孩子一定大吉大利。"有人说："怕享受不了这个福分啊，这个孩子一定会遭受灾难。"夏君就把这个孩子带了回去，说："让他做我的儿子，谁敢害他？"孩子长大成人了，一次帐幕掀动，屋椽裂开，斧子掉下来砍断了他的脚，于是只好做守门之官。孔甲叹息道："哎！发生了这种灾难，是命里注定吧！"于是创作出"破斧"之歌。这是最早的东方音乐。

禹行功①，见涂山之女②。禹未之遇而巡省南土③。涂山氏之女乃令其妾候禹于涂山之阳④。女乃作歌，歌曰"候人兮猗"⑤，实始作为南音。周公及召公取风焉⑥，以为"周南"、"召南"⑦。

【注释】

①行功：巡视治水之事。行，这里是巡视的意思。功，事。

②涂山：相传为夏禹娶涂山氏之女及会合诸侯处。其地说法不一：一说在"会稽"（今浙江绍兴西北四十五里）；一说在"寿春东北"（今安徽怀远的当涂山）。

③未之遇：大意是，没有来得及与她举行结婚典礼。遇，这里有以礼相待的意思。据传说，禹娶涂山氏

之女，婚后三四天就受命治水去了。

④妾：女奴隶，侍女。

⑤猗（yī）：等于说“兮”。

⑥取风：即采风。古代称民间歌谣为风，于是把搜集民间歌谣称为“采风”。

⑦周南、召南：《诗经·国风》中的第一、二两部分。

【译文】

禹巡视治水之事，途中娶涂山氏之女。禹没有来得及与她举行结婚典礼，就到南方巡视去了。涂山氏之女就叫她的侍女在涂山南面迎候禹。她自己于是作了一首歌，歌中唱道“候望人啊”，这是最早的南方音乐。周公和召公后来在那里采风，就把它叫作“周南”、“召南”。

周昭王亲将征荆①。辛馀靡长且多力②，为王右③。还反涉汉④，梁败⑤，王及蔡公抎于汉中⑥。辛馀靡振王北济⑦，又反振蔡公。周公乃侯之于西翟⑧，实为长公⑨。殷整甲徙宅西河⑩，犹思故处，实始作为西音。长公继是音以处西山⑪，秦缪公取风焉，实始作为秦音。

【注释】

①周昭王：西周第四代国君，名瑕。将：率领军队。荆：楚国的别称。

②辛馀靡：周昭王之臣。

③右：车右，又称骖乘。车右都由勇士担任，任务是

执干戈以御敌，并负责战争中的力役之事。

④反：返回。这个意义后来写作“返”。汉：汉水。

⑤梁：桥。败：坏。

⑥抎（yǔn）：坠落。

⑦振：救。济：渡。按:《史记·周本纪》记载:“昭王南巡狩，不返，卒于江上。”《左传·僖公四年》记载:“昭王南征而不复。”均与本篇所记不同，当属传闻异辞。

⑧侯：封为诸侯。之：代辛馀靡。西翟（dí）：西方。

⑨长（zhǎng）公：一方诸侯之长。

⑩殷整甲：商王河亶甲，名整。西河：古地名，在今河南内黄东南。《史记·殷本纪》记载:“河亶甲居相”,“相”与“西河”当是一地。

⑪西山：西翟之山。

【译文】

周昭王亲自率领军队征伐荆国。辛馀靡身高力大，做昭王的车右。军队返回，渡汉水，这时桥坏了，昭王和蔡公坠落到汉水中。辛馀靡把昭王救到北岸，又返回救了蔡公。周公于是封他在西方为诸侯，做一方诸侯之长。当初，殷整甲迁徙到西河居住，但还思念故土，于是最早创作了西方音乐。辛馀靡封侯后住在西翟之山，继承了这一音乐，秦穆公时曾在那里采风，开始把它作为秦国的音乐。

有娀氏有二佚女[①]，为之九成之台[②]，饮食必以鼓。帝令燕往视之，鸣若谥隘[③]。二女爱而争搏之，覆以玉筐。少选[4]，发而视之[5]，燕遗二卵，北飞，遂不反。二女作歌，一终曰[6]："燕燕往飞"，实始作为北音。

【注释】

①有娀（sōng）氏：远古氏族名。传说有娀氏有女简狄，是帝喾的次妃，生契（殷的祖先）。佚（yì）女：美女。

②九成：九重，九层。

③谥隘：象声词，燕子鸣叫之声。

④少选：隔一会儿。

⑤发：打开。

⑥一终：古乐章以奏诗一篇为一终，也叫"一竟"、"一成"。

【译文】

有娀氏有两位美貌的女子，给她们造起了九层高台，饮食一定用鼓乐陪伴。天帝让燕子去看看她们，燕子去了，叫声谥隘。那两位女子很喜爱燕子，争着扑住它，用玉筐罩住。过了一会儿，揭开筐看它，燕子留下两个蛋，向北飞去，不再回来。那两位女子作了一首歌，歌中唱道："燕子燕子展翅飞"，这是最早的北方音乐。

凡音者，产乎人心者也。感于心则荡乎音，音成于外而化乎内[1]。是故闻其声而知其风[2]，察其风而知其志，观其志而知其德。盛衰、贤不肖、君子小人皆形于乐[3]，不可隐匿。故曰：乐之为观也，深矣[4]。

【注释】

①化：化育。内：指内心。

②风：风俗，风气。

③形：表现，表露。

④乐之为观也，深矣：大意是，音乐作为一种观察的对象，是很深刻的。

【译文】

大凡音乐，是从人的内心产生出来的。心中有所感受，就会在音乐中表现出来，音乐表现于外而化育于内。因此，听到某一地区的音乐就可以了解它的风俗，考察它的风俗就可以知道它的志趣，观察它的志趣就可以知道它的德行。兴盛与衰亡、贤明与不肖、君子与小人都会在音乐中表现出来，不可隐藏。所以说：音乐作为一种观察的对象，它所反映的是相当深刻的了。

土弊则草木不长[1]，水烦则鱼鳖不大[2]，世浊则礼烦而乐淫。郑卫之声、桑间之音[3]，此乱国之所好，衰德之所说[4]。流辟、誂越、慆滥之音出[5]，则滔荡之气、邪慢之心感矣[6]；感则百奸众辟从此产矣。故君子反道以修德，正德以出乐，和乐以成顺。乐和而民乡方矣[7]。

【注释】

①土弊：土质恶劣。

②烦：搅扰。这里指水浑。

③郑卫之声：即郑卫之音。桑间之音：又作“桑间濮上之音”，桑间在濮水之上。传说殷纣亡国，殷纣的乐官延在桑间投濮水自杀，后春秋时晋国乐官涓经过此地，听到水面上飘扬着音乐声，便记载下来，这就是桑间之音。后人用它代表亡国之音、靡靡之音。

④说：同“悦”，喜悦。

⑤流辟：淫邪放纵。诧（tiǎo）越：声音飞荡。慆（tāo）滥：等于说“涤滥”，放荡过分。

⑥滔荡：放荡无羁。感：熏染。

⑦乡：通“向”，向往。方：道义。

【译文】

土质恶劣，草木就不能生长；水流浑浊，鱼鳖就不能长大；社会黑暗，礼仪就会烦乱，音乐就会淫邪。郑卫之声、桑间之音，这是淫乱的国家所喜好的，是道德衰败的君主所高兴的。只要淫邪、轻佻、放纵的音乐产生出来，放荡无羁的风气、邪恶轻慢的思想感情就要熏染人了；人们受到这种熏染，各种各样的邪恶就由此产生了。所以，君子以道为根本，进行品德修养，端正品德而后创作音乐，音乐和谐而后通达理义。音乐和谐了，人民就向往道义了。

孟秋纪·荡兵

“荡”是动的意思。本篇旨在阐述战争的缘起，属兵家言论。

文章批判了宋尹学派的“偃兵”之说，主张用“义兵”拯救天下。这在当时仍是具有进步意义的。首先，对“偃兵”说的批判打破了在阶级社会中“偃兵”的幻想；其次，用“义兵”代替“偃兵”是符合时代的潮流和人民的愿望的。孟子也提出过“仁义之师”，说过“仁者无敌”，但他始终幻想着仅用政治影响——“王道”就可以统一中国。在这一点上，《吕氏春秋》的“义兵”说可以说比孟子的“王道”说高了一筹。

古圣王有义兵而无有偃兵[①]。兵之所自来者上矣[②]，与始有民俱。凡兵也者，威也；威也者，力也。民之有威力，性也。性者，所受于天也，非人之所能为也。武者不能革[③]，而工者不能移[④]。

【注释】

①偃（yǎn）：止息。

②上：久。

③革：改变。

④工者：有才能的人。

【译文】

古代的圣王主张正义的战争，从未有废止战争的。战争的由来相当久远了，它是和人类一起产生的。大凡战争，靠的是威势；而威势是力量的体现。具有威势和力量是人的天性。人的天性是从天那里禀承下来的，不是人力所能造成的。勇武的人不能使它改变，机巧的人不能使它移易。

兵所自来者久矣。黄、炎故用水火矣[①]，共工氏固次作难矣[②]，五帝固相与争矣。递兴废[③]，胜者用事[④]。人曰“蚩尤作兵”[⑤]，蚩尤非作兵也，利其械矣。未有蚩尤之时，民固剥林木以战矣[⑥]，胜者为长。长则犹不足治之，故立君。君又不足以治之，故立天子。天子之立也出于君，君之立也出于长，长之立也出于争。争斗之所自来者久矣，不可禁，不可止。故古之贤王有义兵而无有偃兵。

【注释】

①黄、炎：指黄帝、炎帝。炎帝，传说中的古帝，姜姓，因以火德称王，故称炎帝，号神农氏。故：已经。用水火：传说炎帝与黄帝争战，炎帝燃起大火，黄帝用水灭之。

②共（gōng）工氏：传说中古代的部族首领，与颛顼争为帝，失败被杀。固：已经。次：通“恣”，恣意。作难（nàn）：发难。

③递：更迭，替代。

④用事：指治理天下。

⑤蚩尤：传说中东方九黎族的首领。作兵：制造兵器。

⑥剥：砍削。

【译文】

战争的由来相当久远了。黄帝、炎帝已经用水火争战了，共工氏已经恣意发难了，五帝之间已经互相争斗了。他们一个接替一个地兴起、灭亡，胜利者治理天下。人们说“蚩尤制造了兵器”，其实，兵器并非蚩尤创造的，他只不过是把兵器改造得更锋利罢了。在蚩尤之前，人类已经砍削林木作为武器进行战争了，胜利者做首领。只有首领还不足以治理好百姓，所以设置君主。君主仍不足以治理好百姓，所以设置天子。天子的设置是在有君主的基础上产生的，君主的设置是在有首领的基础上产生的，首领的设置是在有争斗的基础上产生的。争斗的由来相当久远了，不可禁止，不可平息。所以，古代的贤王主张正义的战争，从未有废止战争的。

家无怒笞[①]，则竖子、婴儿之有过也立见[②]；国无刑罚，则百姓之相侵也立见；天下无诛伐，则诸侯之相暴也立见[③]。故怒笞不可偃于家，刑罚不可偃于国，诛伐不可偃于天下，有巧有拙而已矣。故古之圣王有义兵而无有偃兵。

【注释】

①怒：斥责。笞（chī）：用鞭、杖、竹板抽打。

②竖子：僮仆。婴儿：儿童。见（xiàn）：出现。

③暴：侵侮。

【译文】

家中如果没有责打，僮仆、小儿犯过错的事就会立刻出现；国中如果没有刑罚，百姓互相侵夺的事就会立刻出现；天下如果没有征伐，诸侯互相侵犯的事就会立刻出现。所以，家中责打不可废止，国中刑罚不可废止，天下征伐不可废止，只不过在使用上有的高明、有的笨拙罢了。所以，古代的圣王主张正义的战争，从未有废止战争的。

夫有以饐死者[①]，欲禁天下之食，悖[②]；有以乘舟死者，欲禁天下之船，悖；有以用兵丧其国者，欲偃天下之兵，悖。夫兵不可偃也，譬之若水火热，善用之则为福，不能用之则为祸；若用药者然，得良药则活人，得恶药则杀人。义兵之为天下良药也亦大矣。

【注释】

①饐（yē）：通“噎”。

②悖：惑，荒谬。

【译文】

如果因为发生了吃饭噎死的事，就要废止天下的一切食物，这是荒谬的；如果因为发生了乘船淹死的事，就要废止天下的一切船只，这是荒谬的；如果因为发生了进行战争而亡国的事，就要废止天下的一切战争，这同样是荒谬的。战争是不可废止的，战争就像水和火一样，善于利用它就会造福于人，不善于利用它就会造成灾祸；还像用药给人治病一样，用良药就能把人救活，用毒药就能把人杀死。正义的战争正是治理天下的一副良药啊！

且兵之所自来者远矣，未尝少选不用[①]。贵贱、长少、贤者不肖相与同，有巨有微而已矣。察兵之微[②]：在心而未发，兵也；疾视[③]，兵也；作色[④]，兵也；傲言[⑤]，兵也；援推[⑥]，兵也；连反[⑦]，兵也；侈斗[⑧]，兵也；三军攻战，兵也。此八者皆兵也，微巨之争也[⑨]。今世之以偃兵疾说者[⑩]。终身用兵而不自知悖，故说虽强，谈虽辨[⑪]，文学虽博[⑫]，犹不见听[⑬]。故古之圣王有义兵而无有偃兵。

【注释】

①少选：须臾，一会儿。

②兵：战争。这里是个含义很广的概念，既指争斗之

心，又指争斗行为，也指狭义的战争。

③疾视：怒目而视。

④作色：指因生气而脸变颜色。

⑤傲言：言辞傲慢。

⑥援推：推挽。这里指以手相搏。援，拉。

⑦连反：当是以足相搏之义。

⑧侈斗：这里是群斗的意思。侈，恣意放纵。

⑨争：等于说“差”，差异。

⑩疾说（shuì）：极力游说。

⑪辨：通“辩”。

⑫文学：指文献经典。

⑬见：表示被动。

【译文】

再说，战争的由来相当久远了，没有一刻不用。人们无论贵贱、长少、贤与不肖在这一点上是相同的，只是在使用上有大有小罢了。考察战争的细微之处：争斗之意隐藏在心中，尚未表露出来，这就是战争；怒目相视是战争；面有怒色是战争；言辞傲慢是战争；推拉相搏是战争；踢踹相斗是战争；聚众殴斗是战争；三军攻战是战争。以上这八种情况都是战争，只不过是规模有小大之差罢了。如今世上极力鼓吹废止战争的人，他们终身用兵，却不知道自己言行相背，因此，他们的游说虽然有力，言谈虽然雄辩，引用文献典籍虽然广博，仍然不被人听取采用。所以，古代的圣王主张正义的战争，从未有废止战争的。

兵诚义，以诛暴君而振苦民[①]，民之说也[②]，若孝子之见慈亲也，若饥者之见美食也；民之号呼而走之[③]，若强弩之射于深谿也[④]，若积大水而失其壅堤也[⑤]。中主犹若不能有其民[⑥]，而况于暴君乎？

【注释】

①振：拯救。

②说：同“悦”，喜悦。

③走：奔向。

④谿：山谷。

⑤壅（yōng）：堵塞。这里指堤坝。

⑥中主：一般的君主。犹若：犹然，尚且。

【译文】

如果战争确实符合正义，用以诛杀暴君，拯救苦难的人民，那么人民对它的喜悦，就像孝子见到了慈爱的父母，像饥饿的人见到了甘美的食物；人民呼喊着奔向它，像强弩射向深谷，像蓄积的大水冲垮堤坝。在这种情况下，一般的君主尚且不能保有他的人民，更何况暴君呢？

仲秋纪·决胜

本篇旨在论述战争决胜之道。文章认为，“义”是战争之“本”，是决定战争胜负的根本；“智”、“勇”是战争之“干”，是决定战争胜负的重要因素；“义”、“智”、“勇”构成了用兵之道的主体，三者缺一不可。文章指出，“勇”和“怯”是可以变化的，即“民无常勇，亦无常怯”，有“气”则勇，无“气”则怯。“气”从何来，文章没有直说，综观全篇，显然是出于“义”。这些观点都是很有见地的。本篇提出了一些宝贵的战略战术原则，如：兵“贵其因”，“不可胜在己，可胜在彼”，“胜失之兵，必隐必微，必积必搏”等等。

夫兵有本干[①]：必义，必智，必勇。义则敌孤独，敌孤独则上下虚[②]，民解落[③]；孤独则父兄怨，贤者诽[④]，乱内作[⑤]。智则知时化[⑥]，知时化则知虚实盛衰之变，知先后远近纵舍之数[⑦]。勇则能决断，能决断则能若雷电飘风暴雨[⑧]，能若崩山破溃、别辨贯坠[⑨]；若鸷鸟之击也[⑩]，搏攫则殪[⑪]，中木则碎[⑫]。此以智得也[⑬]。

【注释】

①本干：植物的根和干，喻事物的主体。

②虚：指气虚，缺乏斗志。

③解落：离散。

④诽：非议。

⑤作：起。

⑥时化：指时势的变化。

⑦纵：发，放。舍：止，息。数：方法，策略。

⑧飘风：旋风。

⑨破溃：指水冲破堤坝。别辨：等于说“异变”。辨，通“变”。贯坠：指陨星坠落。

⑩鸷（zhì）鸟：猛禽，鹰、雕之类。

⑪搏：击。攫（jué）：用爪抓取。殪（yì）：死。

⑫中（zhòng）：击中。

⑬智：据上下文意当作“勇”。

【译文】

用兵之道有它的根本：一定要符合正义，一定要善用智谋，一定要勇猛果敢。符合正义，敌人就孤独无援，敌人孤独无援，上上下下就缺乏斗志，人民就会瓦解离散；孤独无援，父兄就怨恨，贤人就非议，叛乱就会从内部发生。善用智谋就能知道时势的发展趋势，知道时势的发展趋势，就会知道虚实盛衰的变化，就会知道关于先后、远近、行止的策略。勇猛果敢就能临事果断，能临事果断，行动起来就能像雷电、旋风、暴雨，就能像山崩、溃决、异变、星坠，势不可当；就像猛禽奋击，搏击禽兽，禽兽就会毙命，击中树木，树木就会碎裂。这是靠勇猛果敢达到的。

夫民无常勇，亦无常怯。有气则实，实则勇；无气则虚，虚则怯。怯勇虚实，其由甚微[①]，不可不知。勇则战，怯则北[②]。战而胜者，战其勇者也[③]；战而北者，战其怯者也[④]。怯勇无常，倏忽往来[⑤]，而莫知其方[⑥]，惟圣人独见其所由然。故商、周以兴，桀、纣以亡。巧拙之所以相过[⑦]，以益民气与夺民气，以能斗众与不能斗众。军虽大，卒虽多，无益于胜。军大卒多而不能斗，众不若其寡也。夫众之为福也大，其为祸也亦大。譬之若渔深渊[⑧]，其得鱼也大，其为害也亦大。善用兵者，诸边之内莫不与斗，虽厮舆白徒[⑨]，方数百里皆来会战，势使之然也。幸也者[⑩]，审于战期而有以羁诱之也[⑪]。

【注释】

①由：缘由。

②北：败，败逃。

③战其勇者也：凭恃自己的勇气而战。

④战其怯者也：心怀胆怯而战。

⑤倏（shū）忽：疾速的样子。

⑥方：道理。

⑦相过：这里指彼此绝然不同。

⑧渔：捕鱼。

⑨厮（sī）：古代干粗杂活的奴隶或仆役。舆（yú）：众。白徒：指未受过军事训练的人。

⑩幸：当作“势”，由于字划残缺而误。势，态势。

⑪羁（jī）诱：辖制引导。

【译文】

人民的勇敢不是永恒不变的，人民的怯弱也不是永恒不变的。士气饱满就充实，充实就会勇敢；士气丧失就空虚，空虚就会怯弱。怯弱与勇敢、空虚与充实，它们产生的缘由十分微妙，不可不知晓。勇敢就能奋力作战，怯弱就会临阵逃跑。打仗获胜的，是凭恃自己的勇气而战；打仗败逃的，是心怀胆怯而战。怯弱与勇敢变化不定，变动疾速，没有谁知道其中的道理，惟独圣人知道它之所以这样的缘由。所以，商、周由此而兴盛，桀、纣由此而灭亡。用兵巧妙与笨拙的结局之所以彼此截然不同，是因为有的提高人民的士气，有的削弱人民的士气，有的善于使用民众作战，有的不会使用民众作战的缘故。后者军队虽然庞大，士兵虽然众多，但对于取胜没有什么益处。军队庞大，士兵众多，如果不能战斗，人多还不如人少。人数众多造福大，但如果带来灾祸，为害也大。这就好像在深渊中捕鱼一样，虽然可能捕到大鱼，但如果遇难，灾害也大。善于用兵的人，四境之内无不参战，即使是方圆几百里之内的奴仆以及没有受过训练的百姓都来参战，这是态势使他们这样的。态势的取得在于审慎地选择战争时机，并且有办法辖制引导他们。

凡兵，贵其因也[①]。因也者，因敌之险以为己固，因敌之谋以为己事。能审因而加[②]，胜则不可穷矣[③]。胜不可穷之谓神[④]，神则能不可胜也。夫兵，贵不可胜。不可胜在己，可胜在彼[⑤]。圣人必在己者，不必在彼者，故执不可胜之术以遇不胜之敌[⑥]，若此，则兵无失矣。凡兵之胜，敌之失也。胜失之兵，必隐必微，必积必抟[⑦]。隐则胜阐矣[⑧]，微则胜显矣，积则胜散矣，抟则胜离矣。诸搏攫柢噬之兽[⑨]，其用齿角爪牙也，必托于卑微隐蔽，此所以成胜。

【注释】

①因：这里是善于凭借的意思。

②加：指加兵于敌。

③胜则不可穷矣：当作“则胜不可穷矣”。

④神：指用兵神妙。

⑤可胜在彼：能够战胜敌人，在于敌人虚怯谋失。

⑥不胜：当作“可胜”。

⑦抟（zhuān）：古“专”字。专一，集中。

⑧阐：明。这里指显露在外。

⑨柢：当作“抵”。抵，通“牴”，用角顶撞。

【译文】

凡用兵，贵在善于凭借。所谓凭借是指利用敌人的险阻作为自己坚固的要塞，利用敌人的谋划达到自己的目的。能够明察所凭借的条件再采取行动，那胜利就不可穷尽了。胜利不可穷尽叫作“神”，达到“神”的境界就能不可战胜了。用兵贵在不可被敌战胜。不可被敌战胜的主动权操在自己手中，能不能战胜敌人在于敌人是否虚怯谋失。圣人一定把握自己的主动权，一定不依赖敌人的过失，所以，掌握着不可被战胜的策略，以此同可以战胜的敌人交锋，像这样，用兵就万无一失了。凡用兵获胜都是敌人犯有过失的缘故。战胜犯有过失的军队，一定要隐蔽，一定要潜藏，一定要蓄积力量，一定要集中兵力。做到隐蔽就能战胜公开的敌人了，做到潜藏就能战胜暴露的敌人了，做到蓄积就能战胜力量零散的敌人了，做到集中就能战胜兵力分散的敌人了。各种依靠齿角爪牙抓取、顶撞、撕咬猎物的野兽，在它们使用齿角爪牙的时候，一定先要隐身缩形，这是它们成功取胜的原因。

季秋纪·精通

所谓“精通”是指人的精气相通，即文中所说的“精或往来”的意思。本篇旨在谈君道。文章认为君主与民精气相通，因此，君主只要做到“以爱利民为心”、“行德乎己”，虽然“号令未出”，也必然会达到“天下皆延颈举踵”、“四荒咸饬乎仁”的大治局面。本篇力图以“精气说”解释某些精神、心理现象，这种探索是值得肯定的。

人或谓兔丝无根[①]。兔丝非无根也，其根不属也[②]，伏苓是[③]。慈石召铁[④]，或引之也[⑤]。树相近而靡[⑥]，或軵之也[⑦]。圣人南面而立[⑧]，以爱利民为心，号令未出，而天下皆延颈举踵矣[⑨]，则精通乎民也。夫贼害于人，人亦然。

【注释】

①兔丝：即菟丝，一种寄生的蔓草。

②属（zhǔ）：接连。

③伏苓：即茯苓，寄生在松树根上的一种块状菌。古人认为菟丝并非无根，只是它的根不与菟丝相连，茯苓就是它的根。所以《淮南子·说林》中说："茯苓掘，兔丝死。"

④慈石：即磁石。古人认为，这种石可以吸铁，就像慈母吸引子女一样，故名"慈石"。

⑤或：指一种力。

⑥靡（mó）：通"摩"，摩擦。

⑦軵（rǒng）：推。

⑧南面而立：指做君主。古代以坐北朝南为尊位，故天子诸侯见群臣皆面南而坐。南面，面向南。

⑨延颈举踵：伸长脖子，踮起脚跟，形容殷切盼望。

【译文】

有人说菟丝这种植物没有根。其实菟丝不是没有根，只是它的根与菟丝不相连，茯苓就是它的根。磁石吸引铁，是有一种力在吸引它。树木彼此生得近了，就要互相摩擦，是有一种力在推它。圣人面南为君，胸怀爱民利民之心，号令还没有发出，天下人就都伸长脖子、踮起脚跟殷切盼望了。这是圣人与人民精气相通的缘故。贼寇伤害他人，他人也会有类似的反应。

今夫攻者，砥厉五兵[①]，侈衣美食[②]，发且有日矣，所被攻者不乐[③]，非或闻之也，神者先告也[④]。身在乎秦，所亲爱在于齐，死而志气不安，精或往来也。

【注释】

①砥（dǐ）厉：磨石。细者为砥，粗者为厉。这里指磨砺。五兵：五种兵器。其说不一，通常指矛、戟、弓、剑、戈。

②侈衣美食：穿华丽之服，吃精美之食。古代打仗，将士出征前，往往赏赐丰厚，故有“侈衣美食”之举。

③被：遭受。

④神者先告也：按文义“神”下不当有“者”字。

【译文】

假如有国家准备进攻他国，正在磨砺兵器，犒赏军队，距离出征没几天了，这时即将遭受进攻的国家肯定不会快乐，并不是他们有人听到了风声，而是精神先感知到了。一个人身在秦国，他所亲爱的人在齐国，如果在齐国的人死了，在秦国的人就会心神不安，这是精气互相往来的缘故啊！

德也者，万民之宰也。月也者，群阴之本也[①]。月望则蚌蛤实[②]，群阴盈；月晦则蚌蛤虚[③]，群阴亏。夫月形乎天[④]，而群阴化乎渊；圣人行德乎己，而四荒咸饬乎仁[⑤]。

【注释】

①群阴：各种属阴之物，如蚌蛤之类。

②月望：月满。《释名·释天》说："望，月满之名也。月大十六日，小十五日，日在东，月在西，遥相望也。"实：指蚌蛤之肉随月圆而满盈。

③月晦：月光尽敛。时在农历的每月最后一日。

④形：显露，表现。乎：于。

⑤四荒：指四方荒远之地的人民。咸：都。饬（chì）：整治。

【译文】

德是万民的主宰，月亮是各种属阴之物的根本。月满的时候，蚌蛤的肉就充实，各种属阴之物也都满盈；月光尽敛的时候，蚌蛤的肉就空虚，各种属阴之物也都亏损。月相变化显现于天空，各种属阴之物都随着变化于深水之中；圣人修养自己的品德，四方荒远之地的人民都随着整饬自己，归向仁义。

养由基射兕[①]，中石，矢乃饮羽[②]，诚乎兕也。伯乐学相马[③]，所见无非马者，诚乎马也。宋之庖丁好解牛[④]，所见无非死牛 者[⑤]，三年而不见生牛，用刀十九年，刃若新鄜研[6]，顺其理，诚乎牛也。

【注释】

①养由基：春秋时楚国大夫，以善射著称。兕（sì）：同“兕”，兽名，属犀牛类。一说即雌犀。

②饮羽：箭射入石中，尾部羽毛隐没不见。饮，没（mò）。

③伯乐：春秋秦穆公时人，以善相马著称。

④庖丁：名叫丁的厨师。解牛：分卸牛的肢体。“庖丁解牛”可参见《庄子·养生主》。

⑤死：疑是衍文。

⑥鄜：通“磨”。

【译文】

养由基射兕，射中石头，箭羽没入石中，这是由于他把石头当成兕，精神集中于兕的缘故。伯乐学相马，眼睛看到的除了马以外没有别的东西，这是由于他精神集中于马的缘故。宋国的庖丁喜好分解牛的肢体，眼睛看到的除了牛以外没有别的东西，整整三年眼前不见活牛；一把刀用了十九年，刀刃仍然锋利得像刚刚磨过，这是由于他分解牛的肢体时顺着牛的肌理，精神集中于牛的缘故。

钟子期夜闻击磬者而悲[1]，使人召而问之曰：“子何击磬之悲也？”答曰：“臣之父不幸而杀人，不得生；臣之母得生，而为公家为酒；臣之身得生，而为公家击磬。臣不睹臣之母三年矣。昔为舍氏睹臣之母[②]，量所以赎之则无有[③]，而身固公家之财也，是故悲也。”钟子期叹嗟曰：“悲夫！悲夫！心非臂也，臂非椎、非石也[④]。悲存乎心而木石应之。”故君子诚乎此而谕乎彼，感乎己而发乎人，岂必强说乎哉[⑤]？

【注释】

①钟子期：春秋时楚人。

②昔：夜。这里指昨天夜晚。舍氏：未详。《新序·四》记载此事与本文略有不同，“舍氏”，《新序》作“舍市”。

③量：审度，思量。

④椎（chuí）：击磬工具，木制。石：指磬。

⑤强（qiǎng）：极力。

【译文】

钟子期夜间听到有人击磬，发出悲哀之声，就派人把击磬的人叫来，问他说：“你击磬击出的声音怎么这样悲哀啊？”回答说：“我的父亲不幸杀了人，无法活命；我的母亲虽得以活命，却没入官府替公家造酒；我自身虽得以活命，却替公家击磬。我已经三年没有见到自己的母亲了。昨天晚上在舍氏见到了我的母亲，想要赎她可是没有钱，而且连自身也本是公家的财产，因此心中悲哀。”钟子期叹息说：“可悲呀，可悲！心并不是手臂，手臂也不是椎，不是磬，但悲哀存于心中，而椎磬却能与它应和。”所以君子心中有所感，就会在外面表现出来，自己心中有所感，就可以影响到他人，哪里用得着一定要用言辞表述呢？

周有申喜者[1]，亡其母[2]，闻乞人歌于门下而悲之，动于颜色[3]。谓门者内乞人之歌者[4]，自觉而问焉[5]，曰："何故而乞？"与之语，盖其母也。故父母之于子也，子之于父母也，一体而两分，同气而异息。若草莽之有华实也，若树木之有根心也。虽异处而相通，隐志相及[6]，痛疾相救，忧思相感，生则相欢，死则相哀，此之谓骨肉之亲。神出于忠而应乎心，两精相得，岂待言哉？

【注释】

①申喜：周人。

②亡：这里是失散的意思。

③动于颜色：变了脸色。

④内（nà）：让……进来。这个意义后来写作"纳"。

⑤自觉：疑是"自见"之误。

⑥隐志：潜藏于心的志向。

【译文】

周朝有个叫申喜的人，他的母亲失散了。有一天，他听到有个乞丐在门前唱歌，自己感到悲哀，脸色都变了。他告诉守门的人让唱歌的乞丐进来，亲自见她，并询问说："什么原因使你落到求乞的地步？"跟她交谈才知道，那乞丐原来正是他的母亲。所以，无论父母对于子女来说，还是子女对于父母来说，实际都是一个身体而分为两处，精气相同而呼吸各异，就像草莽有花有果，树木有根有心一样。虽在异处却可彼此相通，心中志向互相连系，有病痛互相救护，有忧思互相感动，对方活着心里就高兴，对方死了心里就悲哀，这就叫作骨肉之亲。这种天性出于至诚，而彼此心中互相应和，两方精气相通，难道还要靠言语吗？

孟冬纪·异宝

本篇摒弃了世俗关于“宝”的概念，主张以道德为宝。文章一开始就提出：“古之人非无宝也，其所宝者异也。”接着列举了三个例子加以论证：其一是孙叔敖“知不以利为利”，告诫其子“必无受利地”；其二是江上之丈人拒不接受伍员赠与的千金之剑；其三是宋子罕“以不受为宝”，拒不接受“野人”献上的宝玉。这三位古人“所宝者”与世人“异”，其原因何在？文章认为这是由于他们的智慧“异乎俗”的缘故。人的智力高低决定了人们对宝物价值的认识，正如本篇结尾所说：“其知弥精，其所取弥精；其知弥粗，其所取弥粗。”

古之人非无宝也，其所宝者异也。

【译文】

古代的人不是没有宝物，只是他们看作宝物的东西与今人不同。

孙叔敖疾，将死，戒其子曰[①]：“王数封我矣[②]，吾不受也。为我死[③]，王则封汝，必无受利地[④]。楚、越之间有寝之丘者[⑤]，此其地不利，而名甚恶[⑥]。荆人畏鬼，而越人信禨[⑦]。可长有者，其唯此也。”孙叔敖死，王果以美地封其子，而子辞，请寝之丘，故至今不失。孙叔敖之知[⑧]，知不以利为利矣。知以人之所恶为己之所喜，此有道者之所以异乎俗也。

【注释】

①戒：告诫。这个意义后来写作“诫”。

②数（shuò）：多次。

③为：等于说“如”。

④利地：肥沃富饶的土地。

⑤寝之丘：春秋楚邑，在今河南固始、沈丘之间。

⑥名：指地名。恶：凶险。“寝丘”含有陵墓之意，所以说“名甚恶”。

⑦禨（jī）：迷信鬼神和灾祥。

⑧知：智慧。这个意义后来写作“智”。

【译文】

孙叔敖病了，临死的时候告诫他的儿子说："大王多次赐给我土地，我都没有接受。如果我死了，大王就会赐给你土地，你一定不要接受肥沃富饶的土地。楚国和越国之间有个寝丘，这个地方土地贫瘠，而且地名十分凶险。楚人畏惧鬼，而越人迷信鬼神和灾祥。所以，能够长久占有的封地，恐怕只有这块土地了。"孙叔敖死后，楚王果然把肥美的土地赐给他的儿子，但是孙叔敖的儿子谢绝了，请求赐给寝丘，所以这块土地至今没有被他人占有。孙叔敖的智慧在于懂得不把世俗心目中的利益看作利益。懂得把别人所厌恶的东西当作自己所喜爱的东西，这就是有道之人之所以不同于世俗的原因。

五员亡[①]，荆急求之，登太行而望郑曰[②]："盖是国也，地险而民多知；其主，俗主也，不足与举。"去郑而之许[③]，见许公而问所之。许公不应，东南向而唾[④]。五员载拜受赐[⑤]，曰："知所之矣。"因如吴[⑥]。过于荆，至江上[⑦]，欲涉，见一丈人[⑧]，刺小船[⑨]，方将渔，从而请焉[⑩]。丈人度之，绝江[⑪]。问其名族[⑫]，则不肯告，解其剑以予丈人，曰："此千金之剑也，愿献之丈人。"丈人不肯受，曰："荆国之法，得五员者，爵执圭[⑬]，禄万檐[⑭]，金千镒[⑮]。昔者子胥过，吾犹不取[⑯]，今我何以子之千金剑为乎？"五员过于吴[⑰]，使人求之江上，则不能得也。每食必祭之，祝曰："江上之丈人！"天地至大矣，至众矣，将奚不有为也[18]？而无以为[19]。为矣，而无以为之，名不可得而闻，身不可得而见，其惟江上之丈人乎！

【注释】

①五员（yún）：即伍员。

②太行：即今之太行山。伍员自楚出亡，历经宋、郑、晋、许四国，然后入吴，故有“登太行”之举。

③之：往。许：春秋时的小国，后被楚所灭。

④“许公”二句：许公想让伍员投奔吴国，但又不敢得罪楚国这个强大的近邻，所以“不应”，而以向吴国所在的东南方而唾示意。

⑤载：通“再”。

⑥因：于是。如：往。

⑦江上：长江岸边。

⑧丈人：老者。

⑨刺：撑。

⑩从：就，走近。

⑪绝：横渡，渡过。

⑫族：姓。

⑬爵：用如动词，赐予爵位。执圭（guī）：春秋时诸侯国爵位名称。圭，玉制礼器，上尖下方。也作“珪”。形制大小因爵位及用途不同而异。天子（或诸侯）把圭赐给功臣，让他们执圭朝见，故名“执圭”。

⑭檐（dàn）：容积为一石。今作“担”。

⑮镒（yì）：古代重量单位，二十两为一镒。一说二十四两为一镒。

⑯“昔者”二句：子胥，伍员的字。老人揣度渡江人是伍员，故这样说作为拒绝接受赠剑的托词，并非一定真有此事。

⑰过：等于说“至”。

⑱奚不有为：大意是无不为。奚，何。

⑲无以为：等于说“无所以为”，即无所求的意思。

【译文】

伍员逃亡，楚国紧急追捕他，他登上太行山，遥望郑国说：“这个国家，地势险要而人民多有智慧；但是它的国君是个凡庸的君主，不足以跟他谋举大事。”伍员离开郑国，到了许国，拜见许公并询问自己宜去的国家。许公不回答，向东南方吐了一口唾沫。伍员再拜接受赐教说：“我知道该去的国家了。”于是往吴国进发。路过楚国，到了长江岸边，想要渡江，他看到一位老人，撑着小船，正要打鱼，于是走过去请求老人送他过江。老人把他送过江去。伍员问老人的姓名，老人却不肯告诉，他解下自己的宝剑送给老人，说：“这是价值千金的宝剑，我愿意把它奉献给您。”老人不肯接受，说：“按照楚国的法令，捉到伍员的，授予执圭爵位，享受万石俸禄，赐给黄金千镒。从前伍子胥从这里经过，我尚且不捉他去领赏，如今我接受你的价值千金的宝剑做什么呢？”伍员到了吴国，派人到江边去寻找老人，却无法找到了。伍员每次吃饭一定要祭祀那位老人，祝告说："江上的老人！"天地之德大到极点了，养育万物多到极点了，天地何所不为？却毫无所求。人世间，做了有利于别人的事，却毫无所求，名字无法得知，身影无法得见，达到这种境界的恐怕只有江边的老人吧！

宋之野人耕而得玉①，献之司城子罕②，子罕不受。野人请曰："此野人之宝也，愿相国为之赐而受之也。"子罕曰："子以玉为宝，我以不受为宝。"故宋国之长者曰："子罕非无宝也，所宝者异也。"

【注释】

①野人：指农夫。

②司城子罕：春秋时宋国的执政大臣。司城，官名，即司空，相当于相国，执掌国政，为春秋时宋国所设置。

【译文】

宋国一个农夫耕地得到了一块玉，把它献给司城子罕，子罕不接受。农夫请求说："这是我的宝物，希望相国赏小人脸而把它收下。"子罕说："你把玉当作宝物，我把不接受别人的赠物当作宝物。"所以宋国德高望重的人说："子罕不是没有宝物，只是他当作宝物的东西与别人不同啊！"

今以百金与抟黍以示儿子①，儿子必取抟黍矣；以和氏之璧与百金以示鄙人②，鄙人必取百金矣；以和氏之璧、道德之至言以示贤者，贤者必取至言矣。其知弥精[3]，其所取弥精；其知弥粗，其所取弥粗。

【注释】

①抟（tuán）黍：捏成团的黄米饭。儿子：小儿。

②和氏之璧：春秋时楚人和氏（卞和）所得的宝玉。鄙人：鄙陋无知的人。

③弥：更加，越。

【译文】

假如现在把百金和黄米饭团摆在小孩的面前，小孩一定去抓黄米饭团了；把和氏之璧和百金摆在鄙陋无知的人面前，鄙陋无知的人一定拿走百金了；把和氏之璧和关于道德的至理名言摆在贤人面前，贤人一定取至理名言了。他们的智慧越精深，所取的东西就越珍贵；他们的智慧越低下，所取的东西就越粗陋。

仲冬纪·长见

“长见”即远见。文章说:“今之于古也，犹古之于后世也；今之于后世，亦犹今之于古也。故审知今则可知古，知古则可知后。”这一段揭示了“长见”的理论根据。作者认为，古今前后是一脉相承的，“今”是“古”的发展，而未来的“后”又是“今”的继续。这种把历史看作是有规律的、连续的、发展的认识，在二千多年以前是很可贵的。本篇列举的五位具有远见的圣贤的事例都是为证明上述观点服务的。

智所以相过①，以其长见与短见也。今之于古也，犹古之于后世也；今之于后世，亦犹今之于古也。故审知今则可知古，知古则可知后，古今前后一也。故圣人上知千岁，下知千岁也。

【注释】

①过：超过。这里是有差异的意思。

【译文】

人们的智力之所以彼此有差异，是由于有的人具有远见，有的人目光短浅。今天跟古代的关系，就像是古代跟将来的关系一样；今天跟将来的关系，也就像是今天跟古代的关系一样。所以，清楚地了解今天，就可以知道古代，知道古代就可以知道将来，古今前后是一脉相承的。所以圣人能上知千年，下知千年。

荆文王曰①："苋谆数犯我以义②，违我以礼，与处则不安，旷之而不穀得焉③。不以吾身爵之④，后世有圣人，将以非不穀。"于是爵之五大夫⑤。"申侯伯善持养吾意⑥，吾所欲则先我为之，与处则安，旷之而不穀丧焉。不以吾身远之，后世有圣人，将以非不穀。"于是送而行之。申侯伯如郑⑦，阿郑君之心⑧，先为其所欲，三年而知郑国之政也⑨，五月而郑人杀之。是后世之圣人使文王为善于上世也⑩。

【注释】

①荆文王：即楚文王，春秋时楚国国君，名赀（zī），公元前689—前676年在位。

②苋谆（xiànxī）：楚文王之臣。数（shuò）：多次。犯：冒犯。

③旷：久。不穀：不善之人。这是春秋时诸侯的谦称。穀，善。

④以：从，由。动词，授予爵位。

⑤五大夫：爵位名。

⑥申侯伯：楚文王之臣。他书或作"申侯"。申，春秋时小国，为楚所灭。申侯伯之事可参阅《左传·隐公七年》，内容与本篇所载有异。持：把握。养：长养，助长。

⑦如：往。

⑧阿（ē）：曲从，迎合。

⑨知：主持，执掌。

⑩上世：前世。这句话大意是，楚文王之所以为善，是顾虑到后世圣人的毁誉，所以说"是后世之圣人使文王为善于上世"。

【译文】

楚文王说："苋谆多次据义冒犯我，据礼拂逆我的心意，跟他在一起就感到不安，但久而久之，我从中有所得。如果我不亲自授予他爵位，后代如有圣人，将要以此责难我。"于是授予他五大夫爵位。文王又说："申侯伯善于把握并迎合我的心意，我想要什么，他就在我之前准备好什么，跟他在一起就感到安逸，久而久之，我从中有所失。如果我不疏远他，后代如有圣人，将要以此责难我。”于是送走了他。申侯伯到了郑国，曲从郑君的心意，事先准备好郑君想要的一切，经过三年就执掌了郑国的国政，但仅仅五个月郑人就把他杀了。这是后代的圣人使文王在前世做了好事。

晋平公铸为大钟[①]，使工听之[②]，皆以为调矣[③]。师旷曰[④]：“不调，请更铸之。”平公曰：“工皆为调矣。”师旷曰：“后世有知音者[⑤]，将知钟之不调也，臣窃为君耻之[⑥]。”至于师涓而果知钟之不调也[⑦]。是师旷欲善调钟，以为后世之知音者也。

【注释】

①晋平公：春秋时晋国国君，名彪，公元前557—前531年在位。

②工：指乐工。

③调（tiáo）：和谐。

④师旷：春秋时著名乐师，名旷，相传他精通审音辨律，因为是瞎子，史书又称“瞽旷”。

⑤知音：指精通音律。

⑥窃：谦词，私下。

⑦师涓：春秋时卫灵公的乐官，善音律。据《韩非子·十过》记载，师旷与师涓同时，与本篇不同。

【译文】

晋平公铸成大钟，让乐工审听钟的声音，乐工都认为钟声很和谐了。师旷说："钟声还不和谐，请重新铸造它。"平公说："乐工都认为很和谐了。"师旷说："后代如有精通音律的人，将会知道钟声是不和谐的。我私下为您因此而感到羞耻。"到了后来，师涓果然指出钟声不和谐。由此看来，师旷想要使钟声更为和谐，是考虑到后代有精通音律的人啊！

吕太公望封于齐①，周公旦封于鲁，二君者，甚相善也。相谓曰："何以治国？"太公望曰："尊贤上功②。"周公旦曰："亲亲上恩。"太公望曰："鲁自此削矣。"周公旦曰："鲁虽削，有齐者，亦必非吕氏也。"其后，齐日以大，至于霸，二十四世而田成子有齐国③。鲁公以削④，至于觐存⑤，三十四世而亡。

【注释】

①吕太公望：即太公望吕尚。吕，氏。太公望，号。

②上：尚，崇尚。

③田成子：即田恒（又名田常）。齐简公四年，田恒杀简公，拥立平公，自任齐相，齐国之政尽归田氏。

④公：当是"日"字之误。

⑤觐（jǐn）：通"仅"。

【译文】

太公望封在齐国，周公旦封在鲁国，这两位君主十分友好。他们在一起互相议论说："靠什么治理国家？"太公望说："尊敬贤人，崇尚功绩。"周公旦说："亲近亲人，崇尚恩爱。”太公望说：“照这样，鲁国从此就要削弱了。”周公旦说：“鲁国虽然会削弱，但后世占有齐国的，也肯定不是吕氏了。”后来，齐国日益强大，以至于称霸诸侯，但传到二十四代就被田成子占据了。鲁国也日益削弱，以至于仅能勉强维持生存，传到三十四代也灭亡了。

吴起治西河之外①，王错谮之于魏武侯②，武侯使人召之。吴起至于岸门③，止车而望西河，泣数行而下。其仆谓吴起曰④：“窃观公之意，视释天下若释蹝⑤。今去西河而泣，何也？”吴起抿泣而应之曰⑥：“子不识。君知我而使我毕能，西河可以王。今君听谗人之议而不知我，西河之为秦取不久矣，魏从此削矣。”吴起果去魏入楚。有间，西河毕入秦，秦日益大。此吴起之所先见而泣也。

【注释】

①西河：指今山西、陕西界上黄河南北流向最南端的一段。也指战国时地处黄河西岸的魏地。

②王错：魏大夫，魏武侯死后二年出奔韩。谮（zèn）：说坏话诬陷别人。魏武侯：名击，魏文侯之子，公元前386—前371年在位。公元前376年与韩、赵共灭晋。

③岸门：魏邑，在今山西河津南。

④仆：指驾御车马的人。

⑤释：舍弃。蹝（xǐ）：鞋。

⑥抿：抹拭，擦。泣：指泪。

【译文】

吴起治理西河，王错在魏武侯面前诋毁他，武侯派人把吴起召回。吴起走到岸门，停下车，回头遥望西河，眼泪一行行流了下来。他的车夫对他说："我私下观察您的心志，把舍弃天下看得就像扔掉鞋子一样。如今离开西河，您却流了泪，这是什么缘故啊？"吴起擦去眼泪回答说："你不知道。如果君主了解信任我，使我尽自己所能，那么我凭着西河就可以帮助君主成就王业。如今君主听信了小人的谗言，而不信任我，西河被秦国攻取的日子不会久了，魏国从此要削弱了。"吴起最后离开魏国，去了楚国。不久，西河完全被秦国吞并了，秦国日益强大。这正是吴起所预见到并为之流泪的事。

魏公叔座疾[①]，惠王往问之[②]，曰："公叔之疾，嗟！疾甚矣！将奈社稷何？"公叔对曰："臣之御庶子鞅[③]，愿王以国听之也。为不能听，勿使出境。"王不应，出而谓左右曰："岂不悲哉？以公叔之贤，而今谓寡人必以国听鞅，悖也夫[④]！"公叔死，公孙鞅西游秦，秦孝公听之。秦果用强[⑤]，魏果用弱。非公叔座之悖也，魏王则悖也。夫悖者之患，固以不悖为悖。

【注释】

①公叔座：战国时魏惠王相。一作"公叔痤"。

②惠王：魏惠王，魏武侯之子，名䓨，公元前370—前335年在位。

③御庶子鞅：即公孙鞅，卫国人，又名卫鞅。初为魏相公叔座的家臣，后入秦辅佐秦孝公实行变法，奠定了秦国富强的基础。秦封之于商（今陕西商县东南），号商君，又称商鞅。今存《商君书》二十四篇。御庶子，官名。

④悖：悖理，荒谬。

⑤用：以，因。

【译文】

魏相公叔座病了，惠王去探望他，说："公叔您的病，唉！病得很沉重了！国家该怎么办呢？"公叔回答说："我的家臣御庶子公孙鞅很有才能，希望大王您能把国政交给他治理。如果不能任用他，不要让他离开魏国。"惠王没有回答，出来对左右侍从说："难道不可悲吗？凭公叔这样的贤明，而今竟叫我一定要把国政交给公孙鞅治理，太荒谬了！"公叔死后，公孙鞅向西游说秦国，秦孝公听从了他的意见。秦国果然因此强盛起来，魏国果然因此削弱下去。由此看来，并不是公叔座荒谬，而是惠王自己荒谬啊！大凡行事荒谬的人的弊病，必是把不荒谬当成荒谬。

览

有始览·去尤

本篇旨在阐明认识事物要去掉思想上的局限，做到兼听并观。文章认为，人们之所以不能正确认识事物，主要是因为囿于个人爱憎。文中列举的几个事例，充分说明了这个道理。文章引用《庄子·达生》的一段论述，进一步指出“有所殆者，必外有所重”，把造成认识主观片面的根源归结为存私欲、重外物，这与本书反复倡导通晓“性命之情”是一致的。

世之听者，多有所尤[①]。多有所尤，则听必悖矣[②]。所以尤者多故，其要必因人所喜[③]，与因人所恶。东面望者不见西墙，南乡视者不睹北方[④]，意有所在也。

【注释】

①尤：通“囿”，蔽囿，蒙蔽，局限。

②悖：谬误。

③要：关键。

④乡：通“向”。

【译文】

世上凭着听闻下结论的人，往往有所局限。往往有所局限，那么凭听闻下的结论必定是谬误的了。受局限的原因很多，其关键必定在于人的有所喜爱和有所憎恶。面向东望的人，看不见西面的墙；朝南看的人，望不见北方，这是因为心意专于一方啊。

人有亡𫓧者[①]，意其邻之子。视其行步，窃𫓧也；颜色，窃𫓧也；言语，窃𫓧也；动作态度，无为而不窃𫓧也。抇其谷而得其𫓧[②]。他日，复见其邻之子，动作态度，无似窃𫓧者。其邻之子非变也，已则变矣。变也者无他，有所尤也。

【注释】

①𫓧（fū）：斧子。

②扫（hū）：掘。谷：坑。

【译文】

有一个丢了斧子的人，猜疑是他邻居的儿子偷的。看他走路的样子，像偷斧子的；看他的脸色，像偷斧子的；听他说话，像偷斧子的；看他的举止神态，没有一样不像偷斧子的。这个人挖坑的时候，找到了他的斧子。过了几天，又看见他邻居的儿子，举止神态，没有一样像偷了斧子的。他邻居的儿子没有改变，他自己却改变了。他改变的原因没有别的，是因为原来有所局限。

邾之故法[①]，为甲裳以帛[②]。公息忌谓邾君曰[③]：“不若以组[④]。凡甲之所以为固者，以满窍也[⑤]。今窍满矣，而任力者半耳。且组则不然[⑥]，窍满则尽任力矣。”邾君以为然，曰：“将何所以得组也？”公息忌对曰：“上用之则民为之矣。”邾君曰：“善。”下令，令官为甲必以组。公息忌知说之行也，因令其家皆为组。人有伤之者曰[⑦]：“公息忌之所以欲用组者，其家多为组也。”邾君不说，于是复下令，令官为甲无以组。此邾君之有所尤也。为甲以组而便，公息忌虽多为组，何伤也？以组不便，公息忌虽无为组，亦何益也？为组与不为组，不足以累公息忌之说[⑧]。用组之心，不可不察也。

【注释】

①邾（zhū）：古国名，亦称“邾娄”，后改称“邹”。

周武王封颛顼之后于邾，后为楚所灭。故城在今山东邹县东南。

②为甲裳以帛：用帛来联缀战衣。甲，战衣。裳，下衣。帛，丝织品。

③公息忌：人名。

④组：用丝编织的绳带。

⑤窍：孔。

⑥且：然而。

⑦伤：诋毁。

⑧累：这里是损害的意思。

【译文】

邾国的旧法，制作甲裳用帛来连缀。公息忌对邾君说："不如用丝绳来连缀。大凡甲裳之所以牢固，是因为甲裳连缀的缝隙都塞满了。现在甲裳连缀的缝隙虽然塞满了，可是只能承受应该承受的力的一半。然而用丝绳来连缀就不是这样，只要连缀的缝隙塞满了，就能承受全部应该承受的力了。"邾君以为他说得对，说："将从哪里得到丝绳呢？"公息忌回答说："君主使用它，那么人民就会制造它了。"邾君说："好！"于是下命令，命令有关官吏制作甲裳一定要用丝绳连缀。公息忌知道自己的主张得到实行了，于是就让他家里人都制造丝绳。有诋毁他的人说："公息忌之所以想用丝绳，是因为他家制造了很多丝绳。"邾君听了很不高兴，于是又下达命令，命令有关官吏制甲裳不要用丝绳连缀。这是邾君有所局限啊！制甲裳用丝绳连缀如果有好处，公息忌即使大量制造丝绳，有什么害处呢？如果用丝绳连缀没有好处，公息忌即使没有制造丝绳，又有什么益处呢？公息忌制造丝绳或不制造丝绳，都不足以损害公息忌的主张。使用丝绳的本意，不可以不考察清楚啊！

鲁有恶者[①]，其父出而见商咄[②]，反而告其邻曰："商咄不若吾子矣。"且其子至恶也，商咄至美也。彼以至美不如至恶，尤乎爱也。故知美之恶，知恶之美，然后能知美恶矣。《庄子》曰[③]："以瓦投者翔[④]，以钩投者战[⑤]，以黄金投者殆[⑥]。其祥一也[⑦]，而有所殆者，必外有所重者也。外有所重者泄[⑧]，盖内掘[⑨]。"鲁人可谓外有重矣。解在乎齐人之欲得金也，及秦墨者之相妒也[⑩]，皆有所乎尤也。

【注释】

①恶：丑陋。

②商咄：人名，以貌美著称。章炳麟认为即春秋时宋公子商咄。

③《庄子》曰：引文见《庄子·达生》篇，文字略有出入。

④瓦：古代纺绩用的纺砖。投：当为"投"之误。投，古文"投"字，这里是下赌注的意思。翔：这里是安详、坦然的意思。

⑤钩：衣带钩。战：惧，担心。

⑥殆：迷惑。

⑦祥：善。这里指赌技精巧。

⑧泄：狎，亲近。

⑨内掘：内心不安。掘，不安详。

⑩"解在乎"两句：两事详见《去宥》篇。前事言齐人欲得金而夺人之金，徒见金不见人，后者言秦墨者相妒致使秦惠王偏听偏信。两事都是"有所尤"造成的。

【译文】

鲁国有个丑陋的人，他的父亲出门看见商咄，回来以后告诉他的邻居说："商咄不如我儿子。"然而他儿子是极丑陋的，商咄是极漂亮的。他却认为极漂亮的不如极丑陋的，这是被自己的偏爱所局限。所以，知道了漂亮可以被认为是丑陋，丑陋可以被认为是漂亮，然后就能知道什么是漂亮，什么是丑陋了。《庄子》说："用纺锤作赌注的内心坦然，用衣带钩作赌注的心里发慌，用黄金作赌注的内心感到迷惑。他们的赌技是一样的，然而所以感到迷惑，必然是因为对外物有看重的东西。对外物有看重的东西，就会对它亲近，因而内心就会不安详。"那个鲁国人可以说是对外物有看重的东西了。这道理体现在齐国人想得到金子，以及秦国的墨者互相嫉妒上，这些都是因为有所局限啊。

老聃则得之矣①，若植木而立乎独②，必不合于俗，则何可扩矣③。

【注释】

①老聃（dān）：即老子。

②植木：直立的木头。

③扩：扩充。这里指由于受到外物的干扰而心神不安。

【译文】

老聃就懂得这个道理，他像直立的木头一样自行其事，这样必然与世俗不合，那么还能有什么能使他内心不安呢？

孝行览·本味

本篇从得贤的角度论治国必须务本的思想。文章首先说明君主立功名的根本在于得贤，而后指出得贤必须知贤、礼贤，由此引出伊尹以至味说汤的故事。文辞恢宏诡谲，而其用意不过是说明调和五味必须有术，君主要备享天下至味必须“知道”、“成己”，仍旧归结到务本上来。篇名题为“本味”，就是在追求至味时应该务本的意思。

《汉书·艺文志》小说家著录有《伊尹说》，后亡佚。鲁迅在《中国小说史略》中指出：“《吕氏春秋·本味》篇述伊尹以至味说汤……说极详尽，然文丰赡而意浅薄，盖亦本《伊尹书》。伊尹以割烹要汤，孟子尝所详辩，则此殆战国之士之所为矣。”

求之其本，经旬必得；求之其末，劳而无功。功名之立，由事之本也，得贤之化也[①]。非贤，其孰知乎事化？故曰其本在得贤。

【注释】

①得贤之化：得到贤人的教化。

【译文】

做事情从根本做起，经过短时间必定有收获；从枝节做起，就会劳而无功。功名的建立，是由于抓住了事物的根本，得到了贤人教化。不是贤人，谁懂得事情的教化呢？所以说，建立功名的根本在于得到贤人。

有侁氏女子采桑[①]，得婴儿于空桑之中[②]，献之其君。其君令烰人养之[③]，察其所以然。曰："其母居伊水之上[④]，孕，梦有神告之曰：'臼出水而东走[⑤]，毋顾[⑥]！'明日，视臼出水，告其邻，东走十里而顾，其邑尽为水，身因化为空桑[⑦]。故命之曰伊尹[⑧]。"此伊尹生空桑之故也。长而贤。汤闻伊尹，使人请之有侁氏，有侁氏不可。伊尹亦欲归汤，汤于是请取妇为婚[⑨]。有侁氏喜，以伊尹媵女[⑩]。故贤主之求有道之士，无不以也[⑪]；有道之士求贤主，无不行也[⑫]。相得然后乐[⑬]。不谋而亲，不约而信，相为殚智竭力[⑭]，犯危行苦，志欢乐之。此功名所以大成也。固不独[⑮]，士有孤而自恃，人主有奋而好独者[⑯]，则名号必废熄，社稷必危殆。

故黄帝立四面⑰，尧、舜得伯阳、续耳然后成⑱。

【注释】

①有侁（shēn）氏：即有莘氏，古部族名。

②空桑：中空的桑树。

③烰（fú）人：庖人，厨师。

④伊水：水名，即伊河，源出河南卢氏，东北流入洛河。

⑤臼：舂米的器具。

⑥毋：不要。顾：回头看。

⑦身因化为空桑：指伊尹之母变成了中空的桑树。

⑧命：取名。伊尹：名挚，商汤臣。

⑨取：娶妻。这个意义后来写作“娶”。婚：结为婚姻。

⑩媵（yìng）女：指做有侁氏之女的陪嫁臣仆。媵，随嫁，这里用如动词。

⑪以：用。

⑫行：做。

⑬相得：指贤主得有道之士、有道之士得贤主。

⑭殚（dān）、竭：尽。这里指用尽。

⑮固：本来，必定。

⑯奋：矜，自负。

⑰黄帝立四面：黄帝任用从四方寻得的贤人为辅佐。

⑱伯阳、续耳：相传都是尧时的贤人。

【译文】

有侁氏的女子采摘桑叶，在中空的桑树里捡到一个婴儿，把他献给了自己的君主。君主命厨师哺育这个婴儿，并让他去了解这是怎么回事儿。厨师向君主报告说："婴儿的母亲住在伊水边，怀了孕，梦见天神告诉她说：'臼里如果出了水就向东跑，不要回头看！'第二天，她看到臼里出了水，就把情况告诉了她的邻居，向东跑了十里，回头一看，她的村子已是一片汪洋。于是她的身体变成了一棵中空的桑树。因此给这个婴儿起名叫伊尹。"这就是伊尹出生在空桑之中的缘由。伊尹长大了很贤德。商汤听说伊尹贤德，就派人向有侁氏请求要伊尹，有侁氏不答应。伊尹也想归附汤，汤于是就请求娶有侁氏女为妻，结为婚姻。有侁氏很高兴，就把伊尹作为女子陪嫁的奴仆给了汤。所以，贤明的君主为求得有道之士，没有什么办法不可使用；有道之士为求得贤明的君主，没有什么事不能做。贤明的君主和有道之士各如其愿，然后彼此都很快乐。他们事先不谋划就能亲密无间，不约定就能恪守信用，共同尽心竭力，承担危难和劳苦，内心却以此为乐。这就是功名取得极大成就的原因。贤明的君主、有道之士本来不会孤独，士如果孤独傲慢，君主如果骄傲而且喜好孤独，那么名声必定被毁灭，国家必定遭危险。所以黄帝派人去四方寻求贤人立为辅佐，尧、舜得到伯阳、续耳，然后成就了帝业。

凡贤人之德，有以知之也。伯牙鼓琴①，钟子期听之②。方鼓琴而志在太山③，钟子期曰："善哉乎鼓琴！巍巍乎若太山④。"少选之间⑤，而志在流水⑥，钟子期又曰："善哉乎鼓琴！汤汤乎若流水⑦。"钟子期死，伯牙破琴绝弦，终身不复鼓琴，以为世无足复为鼓琴者。非独琴若此也，贤者亦然。虽有贤者，而无礼以接之，贤奚由尽忠？犹御之不善，骥不自千里也⑧。

【注释】

①伯牙：春秋时楚国人，善弹琴，相传《高山流水》就是他的作品。鼓：弹奏。

②钟子期：姓钟，名期，子是古代男子的通称。春秋时楚国人。

③方：刚刚。志在太山：志向在登大山。太山即“大山”。

④巍巍乎：高大的样子。

⑤少选：须臾，一会儿。

⑥志在流水：志向在随流水常进不懈。

⑦汤汤（shāng）：水大流急的样子。

⑧自：跟随。

【译文】

大凡贤德之人的品德，是有办法了解的。伯牙弹琴，钟子期听。刚开始弹琴时表现出攀登高山的志向，钟子期说：“弹琴弹得太好了！就像高山一样巍峨！”过了一会儿，琴声表现出随流水奔流的志向，钟子期又说：“弹琴弹得太好了！就像流水一样激荡！”钟子期死了以后，伯牙摔坏了琴，折断了弦，终身不再弹琴，认为世上再没有值得为之弹琴的人。不仅弹琴是这样，寻求贤德的人也是这样。

即便是有贤德的人，如果不以礼相待，贤德的人如何尽忠呢？这就如同御手不好，良马也不能跟随他跑千里远一样。

汤得伊尹，祓之于庙[①]，爝以爟火[②]，衅以牺猳[③]。明日，设朝而见之。说汤以至味[④]，汤曰："可对而为乎[⑤]？"对曰："君之国小，不足以具之，为天子然后可具。夫三群之虫[⑥]，水居者腥，肉玃者臊[⑦]，草食者膻。臭恶犹美[⑧]，皆有所以[⑨]。凡味之本，水最为始。五味三材[⑩]，九沸九变，火为之纪[⑪]。时疾时徐，灭腥去臊除膻，必以其胜，无失其理[⑫]。调和之事，必以甘酸苦辛咸，先后多少，其齐甚微[⑬]，皆有自起。鼎中之变[⑭]，精妙微纤，口弗能言，志弗能喻，若射御之微[⑮]，阴阳之化[⑯]，四时之数[⑰]。故久而不弊[⑱]，熟而不烂[⑲]，甘而不哝[⑳]，酸而不酷[㉑]，咸而不减[㉒]，辛而不烈，澹而不薄[㉓]，肥而不脓[㉔]。肉之美者，猩猩之唇，獾獾之炙[㉕]，隽觾之翠[㉖]，述荡之掔[㉗]，旄象之约[㉘]，流沙之西[㉙]，丹山之南[㉚]，有凤之丸[㉛]，沃民所食[㉜]。鱼之美者，洞庭之鱄[㉝]，东海之鲕[㉞]，醴水之鱼[㉟]，名曰朱鳖，六足、有珠、百碧[㊱]，雚水之鱼[㊲]，名曰鳐[㊳]，其状若鲤而有翼，常从西海夜飞游于东海。菜之美者，昆仑之蘋[㊴]，寿木之华[㊵]，指姑之东[㊶]，中容之国[㊷]，有赤木玄木之叶焉[㊸]，馀瞀之南[㊹]，南极之崖[㊺]，有菜，其名曰嘉树，其色若碧，阳华之芸[㊻]，云梦之芹[㊼]，具区之菁[㊽]，浸渊之草[㊾]，名曰土英。和之美者[50]，阳朴之姜[51]，招摇之桂[52]，越骆之菌[53]，鳣鲔之醢[54]，大夏之盐[55]，宰揭之露[56]，其色如玉，长泽之卵[57]。饭之美者，玄山之禾[58]，不周之粟[59]，阳山之穄[60]，南海之秬[61]。水之美者，三危之露[62]，昆仑之井[63]，沮江之丘[64]，名曰摇水[65]，曰山之水[66]，高泉之山[67]，其上有涌泉焉，冀州之原[68]。果之美者，沙棠之实[69]，常山之北[70]，投渊之上[71]，有百果焉，群帝所食，箕山之东[72]，青鸟之所[73]，有甘栌焉[74]，江浦之橘[75]，云梦之柚，汉上石耳[76]。所以致之，马之美者[77]，青龙之匹[78]，遗风之乘。非先为天子，不可得而具。天子不可强为，必先知道[79]。道者止彼在己[80]，己成而天子成，天子成则至味具。故审近所以知远也，成己所以成人也。圣人之道要矣[81]，岂越越多业哉[82]！”

【注释】

①祓（fú）：古代为除邪而举行仪式。

②爝（jué）：束苇为炬，燃炬以祓除不祥。爟（guàn）火：祓除不祥的火。

③衅（xìn）：指以牲血涂祭器。牺豭（jiā）：祭祀用的纯色雄猪。牺，祭祀用的纯色牲畜。

④至味：美味。

⑤可对而为乎：当作“可得而为乎”。

⑥三群之虫：指下文的水居者（鱼鳖之属）、肉玃者（鹰雕之属）、草食者（獐鹿之属）。群，群居。虫，

泛指各种动物。

⑦獾：通“攫”（jué），用爪抓取。

⑧臭（xiù）：气味。

⑨皆有所以：都各有它们的缘故。指下文烹调方法而言。

⑩五味：咸、苦、酸、辛、甘。三材：指水、木、火。

⑪纪：纲纪。这里是调节、节制的意思。

⑫理：指火候适中。

⑬齐（jì）：剂量，调剂。这个意义后来写作“剂”。

⑭鼎：古代煮肉的器具。

⑮射御之微：指射技御技之精妙，可以中的致远。

⑯阴阳之化：指阴阳和而成万物。

⑰四时之数：指春生夏长秋收冬藏之功效。

⑱弊：败，坏。

⑲烂：指烹饪过了火候。

⑳哝：当作“噮”（yuàn）。噮，足，厚。这里是过厚的意思。

㉑酷：甚，过分。

㉒减：减损。这里指减损食物原来的味道。

㉓澹：清淡。

㉔肥而不脿：大意是说肥而不腻。脿，字书无考。《集韵》引伊尹曰“肥而不䐳”，《酉阳杂俎》作“肥而不腴”。

㉕獾獾：鸟名。《山海经·南山经》作“灌灌”。炙：通“跖”，指鸟的脚掌。

㉖隽觾：当作“巂燕”，鸟名。翠：鸟尾肉。

㉗述荡：兽名。《山海经·大荒南经》作“跊踢”。掔：通“腕”。这里指兽的小腿。

㉘旄：旄牛。约：指短尾。

㉙流沙：古地名，在敦煌西。

㉚丹山：古地名，在南方。

㉛丸：卵。

㉜沃民：沃民国，在西方。

㉝鱄（zhuān）：鱼名。

㉞鲕（ér）：鱼名。

㉟醴水：水名，在湖南西北部。

㊱有珠：指能吐珠。百碧：疑为“青碧”之误。碧，青玉。

㊲藿（guàn）水：古水名，在西方。《山海经·西山经》作“观水”。

㊳鳐（yáo）：鱼名。

㊴蘋：一种水生野菜。

㊵寿木：指昆仑山之树，传说吃了这种树的果实可以不死，所以叫“寿木”。华：古“花”字。这里指果实。

㊶指姑：即姑余，山名，在东南方。《齐民要术》引作“括姑”。

㊷中容之国：古代方国名。

㊸赤木玄木之叶：传说赤木玄木之叶可食，食而能成仙。

㊹馀瞀（mào）：古山名，传说在南方。

㊺崖：边。

㊻芸：菜名。

㊼芹：一种水生野菜。

㊽菁：菜名。

㊾浸渊：古池泽名，其地不详。

㊿和：调和。这里指调和五味的调料。

51阳朴：地名，传说在蜀郡。

52招摇：山名，传说在桂阳。

53越骆：当作“骆越”。骆，越的别名。菌：通“箘”（jùn），竹笋。

54鳣（zhān）：即鲟鳇鱼。鲔（wěi）：即鲟鱼。鳣和鲔都是大鱼。醢（hǎi）：肉酱。

55大夏：古泽名，或说是山名，传说在西方。

56宰揭：古山名，其处不详。

57长泽：古泽名，传说在西方。

58玄山：古山名，其处不详。

59不周：即不周山，古传说中的山名，在昆仑西北。

60阳山：指昆仑山之南，山南曰阳，故称“阳山”。穄（jì）：也叫糜子，即黍之不粘者。

61秬（jù）：黑黍。

62三危：古山名，传说在西方。

63井：泉。

64沮江之丘：沮江边的山丘。沮江，水名。

65摇水：古水名。

66曰山：当为“白山”之误。白山，即天山，因其终年积雪而得名。

㊸高泉：古山名，传说在西方。

⑱原：水源。这个意义后来写作“源”。

⑲沙棠：树木名，生于昆仑山。

⑳常山：即恒山。汉避文帝刘恒讳、宋避真宗赵恒讳改名常山。为五岳中的北岳。在今河北曲阳西北。

㉑投渊：水名。

㉒箕山：山名，在今河南登封东南。传说中尧时的许由隐居于此山。

㉓青鸟之所：青鸟所居之地。青鸟，鸟名，居西方，神话传说常为西王母所使。

㉔甘栌：当为“甘楂”（栌的繁体“櫨”与楂的异体字“樝”形近）之误。

㉕江浦：长江之滨。浦，滨。

㉖汉：汉水。石耳：菜名。

㉗马之美：此三字当为衍文，下“者”字应连上读。

㉘青龙：骏马名。下文的“遗风”也是骏马名。

㉙知道：指懂得仁义之道。

㉚止：当为“亡”字之误。彼：别人。亡彼在己，意思是，不在别人而在于自己。

㉛要：约，简约。

㉜越越：用力的样子。业：事。

【译文】

汤得到伊尹之后，在宗庙里举行祓除灾邪的仪式，点燃苇把消除不祥，用纯色雄猪的血涂祭器。第二天上朝，汤以礼接见伊尹。伊尹为汤讲述美味，汤说："可以得到并制作这些美味吗？"伊尹回答说："您的国家小，不足以具备这些东西，当了天子，然后才可以具备。三类动物，生活在水里的腥，吃肉的臊，吃草的膻。气味不好的仍然可以使之变好，这些都各有它们内在的原因。调和味道的根本，在于首先用水。五种味道，三样材料，多次煮沸，多次变化，火是关键。火时而炽热，时而微弱，一定要用火除去腥味、臊味、膻味，但火候要适中。调和味道，必定要用甜酸苦辣咸，先放后放，放多放少，调料的剂量很小，这些都有一定的规定。鼎中味道的变化，精妙微细，既不能言传，又不能意会，就如同射技御技的精微、阴阳二气的交合、四季的变化一样。所以，时间长，但不毁坏；做得熟，但不超过火候；甜，但不过度；酸，但不过分；咸，但不减损原味；辣，但不浓烈；清淡，但不过薄；肥，但不腻。肉中的美味，有猩猩的嘴唇，獾獾的脚掌，嶲燕的尾肉，述荡的小腿，旄牛大象的短尾，以及流沙西边、丹山南边出产的沃国人所食用的凤凰卵。鱼中的美味，有洞庭湖的鳟鱼，东海的鲕鱼，醴水中长着六只脚、能吐珠子、青翠色的名叫朱鳖的鱼，藋水中形状像鲤鱼可是却有翅膀、经常夜里从西海飞到东海的名叫鳐的鱼。菜中的美味，有昆仑山的蘋菜，寿木的花果，指姑东边、中容国里的红树黑树的树叶，馀瞀南边、南极边上颜色像碧玉一样的名叫嘉树的菜，阳华池的芸菜，云梦泽的水芹，具区泽的菁菜，浸渊的名叫土英的草。调料中的美味，有阳朴的姜，招摇的桂，骆越的笋，鳣鱼鲔鱼做的肉酱，大夏的盐，宰揭的洁白如玉的露，大泽的鸟卵。粮食中的美味，有玄山的禾谷，不周山的小米，阳山的穄子，南海的黑黍。水中的美味，有三危山的露水，昆仑山的泉水，沮江边山丘上名叫摇水的泉水，白山的水，高泉山上作为冀州之水源头的涌泉。水果中的美味，有沙棠树的果实，常山北边、投渊上面先帝们享用的各种果实，箕山东边、青鸟居住之处的甜山楂，长江边的橘子，云梦畔的柚子，汉水旁的石耳。运来这些水果，要用青龙马和遗风马。不先当天子，就不可能具备这些美味。天子不可以勉强去当，必须先懂得仁义之道。仁义之道不在别人，而在于自己。自己具备了仁义之道，因而就能成为天子。能成为天子，那么美味就齐备了。所以，审察近的就可以了解远的，自己具备了仁义之道就可以教化别人。圣人的办法很简约，哪里用得着费力去做许多事情呢？”

慎大览·慎大

本篇旨在告诫君主在强大之时和胜利面前应该谨慎。作者认为，强大和胜利是“小邻国”、“胜其敌”的结果，因此必然“多患多怨”。贤明的君主看到强大之中潜伏着败亡的危险，所以“愈大愈惧，愈强愈恐”，“于安思危，于达思穷，于得思丧”，商汤、周武王、赵襄子这些“贤主”都是如此。文章最后进一步指出：“胜非其难者也，持之其难者也”，持胜之道在乎时时忧惧。从本篇的论述中，可以看到老子“福祸相倚”、“知雄守雌”的辩证法思想对作者的影响。

文章关于强大必然“多患多怨”的论断，只是就争战双方关系而言，并不能包括正义战争顺应民心的一面。但是，文章所阐发的“于安思危”、以忧持胜的思想，则是历史经验的正确总结，即使在今天，也是应该重视的。

贤主愈大愈惧，愈强愈恐。凡大者，小邻国也；强者，胜其敌也。胜其敌则多怨，小邻国则多患。多患多怨，国虽强大，恶得不惧？恶得不恐？故贤主于安思危，于达思穷，于得思丧[①]。《周书》曰[②]：“若临深渊，若履薄冰[③]。”以言慎事也。

【注释】

①丧：失。

②周书：古逸书。

③履：踩，踏。这两句《诗·小雅·小旻》作“如临深渊，如履薄冰”。

【译文】

贤明的君主，土地越广大越感到恐惧，力量越强盛越感到害怕。凡土地广大的，都是侵削邻国的结果；力量强盛的，都是战胜敌国的结果。战胜敌国，就会招致很多怨恨；侵削邻国，就会招致很多憎恶。怨恨你的多了，憎恶你的多了，国家虽然强大，怎么能不恐惧？怎么能不害怕？所以贤明的君主在平安的时候就想到危险，在显赫的时候就想到困窘，在有所得的时候就想到有所失。《周书》上说：“就像面临深渊一样，就像脚踩薄冰一样。”这是说做事情要小心谨慎。

桀为无道，暴戾顽贪[①]，天下颤恐而患之[②]。言者不同，纷纷分分[③]，其情难得。干辛任威[④]，凌轹诸侯[⑤]，以及兆民[⑥]。贤良郁怨，杀彼龙逄，以服群凶[7]。众庶泯泯[8]，皆有远志，莫敢直言，其生若惊[9]。大臣同患，弗周而畔[10]。桀愈自贤，矜过善非[11]，主道重塞，国人大崩。汤乃惕惧[12]，忧天下之不宁，欲令伊尹往视旷夏[13]，恐其不信，汤由亲自射伊尹[14]。伊尹奔夏三年，反报于亳[15]，曰："桀迷惑于末嬉[16]，好彼琬琰[17]，不恤其众。众志不堪，上下相疾[18]，民心积怨，皆曰：'上天弗恤，夏命其卒[19]。'"汤谓伊尹曰："若告我旷夏尽如诗[20]。"汤与伊尹盟，以示必灭夏。伊尹又复往视旷夏，听于末嬉。末嬉言曰："今昔天子梦西方有日[21]，东方有日，两日相与斗，西方日胜，东方日不胜。"伊尹以告汤。商涸旱[22]，汤犹发师，以信伊尹之盟。故令师从东方出于国西以进[23]。未接刃而桀走，逐之至大沙[24]。身体离散，为天下戮[25]。不可正谏[26]，虽后悔之，将可奈何？汤立为天子，夏民大说，如得慈亲，朝不易位，农不去畴[27]，商不变肆[28]，亲郼如夏[29]。此之谓至公，此之谓至安，此之谓至信。尽行伊尹之盟，不避旱殃，祖伊尹世世享商[30]。

【注释】

①顽：贪婪。

②颤恐：惊恐。颤，惊。

③分分：当作"介介"，怨恨的意思。

④干辛：桀之谀臣。任：放纵。

⑤凌轹（lì）：欺压，干犯。轹，车轮辗过。这里指

欺压。

⑥兆民：天子所治之民为兆民。

⑦凶：通“讻”，争吵不止。这里指群臣的诤谏。

⑧泯泯（mǐn）：纷乱的样子。

⑨惊：当作“梦”，乱。

⑩弗周：不亲附。周，亲和。畔，通“叛”。

⑪矜：自夸。

⑫惕（tì）惧：恐惧。

⑬旷夏：大国夏。旷，大。

⑭汤由亲自射伊尹：这句意思是，汤为使夏信任伊尹，所以扬言亲自射伊尹，伊尹获罪而出亡。

⑮亳（bó）：古邑名，商汤的都城。在今河南偃师。

⑯末嬉：有施氏之女，嫁给桀，很得桀的宠信。它书或作“妹喜”。

⑰琬琰：桀的宠妾。

⑱疾：怨恨。

⑲卒：尽，完结。

⑳若：你。诗：指有韵之文，即上文“上天弗恤，夏命其卒”而言。

㉑昔：夜。

㉒涸旱：干旱。指遇到旱灾。

㉓“故令师”句：大意是，为了应验“西方日胜”之梦，汤从亳发兵到桀国都之西，然后从西方向桀进攻。东方，指汤所居之地亳。亳在夏桀东方，所以这样称呼。国西，指夏桀国都（今河南洛阳）之西。

㉔大沙：地名，即南巢，位于当时华夏各族所居地区的南方。《尚书·仲虺之诰》：“成汤放桀于南巢。”在今安徽巢县西南。

㉕戮：耻笑。

㉖正：谏。

㉗畴：田亩。

㉘肆：商人聚集经商的地方。

㉙亲郼（yī）如夏：夏民得以安居乐业，所以亲近殷商如同亲近自己的民族一样。郼，汤为天子之前的封国。

㉚祖：对始建功德者的尊称。享：指受祭祀。因伊尹对商建有大功，所以世代在商享受祭祀。

【译文】

夏桀不行德政，暴虐贪婪，天下人无不惊恐、忧虑。人们议论纷纷，混乱不堪，满腹怨恨，天子却很难知道人们的真情。干辛肆意逞威风，欺凌诸侯，连及百姓。贤良之人心中忧郁怨恨，夏桀于是杀死了敢谏的关龙逄，想以此来压服群臣诤谏。人们动乱起来，都有远走的打算，没有谁再敢直言，都不得安生。大臣们怀有共同的忧患，不亲附桀都想离叛。夏桀以为得计，越发自以为是，炫耀自己的错误，夸饰自己的缺点，为君之道被重重阻塞，国人分崩离析。面对这种情况，汤感到很恐惧，忧虑天下的不安宁，想让伊尹到夏国去观察动静，担心夏国不相信伊尹，于是扬言自己亲自射杀伊尹。伊尹逃亡到夏国，过了三年，回到亳，禀报说：“桀被末嬉迷惑住了，又喜欢爱妾琬琰，不怜悯大众。大家都不堪忍受了，在上位的与在下位的互相痛恨，人民心里充满了怨气，都说：‘上天不保佑夏国，夏国的命运就要完了。’”汤对伊尹说：“你告诉我的夏国的情况都像诗里唱的一样。”汤与伊尹订立了盟约，用以表明一定灭夏的决心。伊尹又去观察夏国的动静，很受末嬉信任。末嬉说道：“昨天夜里天子梦见西方有个太阳，东方有个太阳，两个太阳互相争斗，西方的太阳胜利了，东方的太阳没有胜利。”伊尹把这话报告了汤。这时正值商遭遇旱灾，汤没有顾及，还是发兵攻夏，以便信守和伊尹订立的盟约。他命令军队从亳绕到桀的国都之西，然后发起进攻。还没有交战，桀就逃跑了，汤追赶他追到大沙。桀身首离散，被天下人耻笑。当初不听劝谏，即使后来懊悔了，又将怎么样呢？汤做了天子，夏的百姓非常高兴，就像得到慈父一般。朝廷不更换官位，农民不离开田亩，商贾不改变商肆，人民亲近殷就如同亲近夏一样。这就叫极其公正，这就叫极其安定，这就叫极守信用。汤完全依照和伊尹订立的盟约去做了，不躲避旱灾，获得了成功，因此让伊尹世世代代在商享受祭祀。

武王胜殷，入殷，未下轝[①]，命封黄帝之后于铸[②]，封帝尧之后于黎[③]，封帝舜之后于陈。下轝，命封夏后之后于杞[④]，立成汤之后于宋，以奉桑林[⑤]。武王乃恐惧，太息流涕[⑥]，命周公旦进殷之遗老，而问殷之亡故，又问众之所说，民之所欲。殷之遗老对曰：“欲复盘庚之政[⑦]。”武王于是复盘庚之政，发巨桥之粟[⑧]，赋鹿台之钱[⑨]，以示民无私。出拘救罪，分财弃责[10]，以振穷困[11]。封比干之墓[12]，靖箕子之宫[13]，表商容之闾[14]，士过者趋[15]，车过者下。三日之内，与谋之士，封为诸侯，诸大夫赏以书社[16]，庶士施政去赋[17]。然后济于河，西归报于庙[18]。乃税马于华山[19]，税牛于桃林[20]，马弗复乘，牛弗复服[21]。衅鼓旗甲兵[22]，藏之府库，终身不复用。此武王之德也。故周明堂外户不闭[23]，示天下不藏也。唯不藏也，可以守至藏[24]。

【注释】

①轝（yú）：同“舆”，车。

②铸：古国名。《史记》作“祝”。《礼记·乐记》：“封帝尧之后于祝。”盖传说不同。

③黎：古国名。《史记》作“蓟”。《礼记·乐记》：“封黄帝之后于蓟。”也属传闻不同。

④夏后：夏君。后：君主。《史记·夏本纪》此夏后指大禹。杞：古国名。

⑤桑林：汤祈祷的地方。

⑥涕：眼泪。

⑦盘庚：商汤的第九代孙，是商的中兴君主。

⑧巨桥：粮仓名，纣储粮于此。故址在今河北曲周东北。

⑨赋：布施。鹿台：钱库名，纣藏钱财于此。

⑩责（zhài）：债务。这个意义后来写作“债”。

⑪振：救济。这个意义后来写作“赈”。

⑫封：堆土使高大。比干忠心谏纣而被杀，武王为表彰他的忠诚，所以把他的坟墓修得很高。

⑬靖：通“旌”，彰明。宫：室。

⑭表：标记。这里用作动词。商容：商代贤人，相传被纣废黜。

⑮士：当作“徒”，徒步。

⑯书社：古代二十五家为一社，在册籍上书写社人姓名，称为“书社”。这里借指一定数量的土地（包括附于土地的人口）。

⑰施政：当作“弛征”，减轻赋税。

⑱西归：指归于丰镐。庙：指文王庙。

⑲税：释，放。华山：阳华山，在今陕西商洛南。

⑳桃林：古地域名，其地约相当于今河南灵宝以西、陕西潼关以东地区。

㉑服：役使。

㉒衅（xìn）：古代的一种祭礼，杀牲并用它的血涂抹钟鼓等器物。

㉓明堂：天子理政之处。

㉔至藏：指至德，最完美的品德。

【译文】

周武王战胜了商，进入殷都，还没有下车，就命令把黄帝的后代封到铸，把帝尧的后代封到黎，把帝舜的后代封到陈。下了车，命令把大禹的后代封到杞，立汤的后代为宋的国君，以便承续桑林的祭祀。此时，武王仍然很恐惧，长叹一声，流下了眼泪，命令周公旦领来殷商的遗老，问他们商灭亡的原因，又问民众喜欢什么，希望什么。商的遗老回答说：“人民希望恢复盘庚的政治。”武王于是就恢复了盘庚的政治，散发巨桥的米粟，施舍鹿台的钱财，以此向人民表示自己没有私心。释放被拘禁的人，挽救犯了罪的人。分发钱财，免除债务，以此来救济贫困。又把比干的坟墓修葺高大，使箕子的住宅显赫彰明，在商容的闾里竖起标志，行人要加快脚步，乘车的人要下车致敬。三天之内，参与谋划伐商的贤士都封为诸侯，那些大夫们，都赏给了土地，普通的士人也都减免了赋税。然后武王才渡过黄河，回到丰镐，到祖庙内报功。于是把马放到阳华山，把牛放到桃林，不再让马牛驾车服役，又把战鼓、军旗、铠甲、兵器涂上牲血，藏进府库，终身不再使用。这就是武王的仁德。周天子明堂的大门不关闭，向天下人表明没有私藏。只有没有私藏，才能保持最高尚的品德。

武王胜殷，得二虏而问焉，曰：“若国有妖乎？”一虏对曰：“吾国有妖，昼见星而天雨血①，此吾国之妖也。”一虏对曰：“此则妖也，虽然，非其大者也。吾国之妖甚大者，子不听父，弟不听兄，君令不行，此妖之大者也。”武王避席再拜之。此非贵虏也，贵其言也。故《易》曰：“愬愬履虎尾②，终吉。”

【注释】

①雨（yù）：降落。血：指像血一样红色的雨。

②愬愬：恐惧的样子。引这两句是告诫君主行事应小心谨慎。今本《周易·履》作“履虎尾愬愬，终吉。”

【译文】

武王战胜殷商后，捉到两个俘虏，问他们说：“你们国家有怪异的事吗？”一个俘虏回答说：“我们国家有怪异的事，白天出现星星，天上降下血雨，这就是我们国家的怪异之事。”另一个俘虏回答说：“这诚然是怪异之事，虽说如此，但还算不上大的怪异。我们国家特大的怪异是儿子不顺从父亲，弟弟不服从兄长，君主的命令不能实行，这才算最大的怪异之事呢！”武王急忙离开座席，向他行再拜之礼。这不是认为俘虏尊贵，而是认为他的言论可贵。所以《周易》上说：“一举一动都战战兢兢，像踩着老虎尾巴一样，最终必定吉祥。”

赵襄子攻翟[①]，胜老人、中人[②]，使使者来谒之，襄子方食抟饭[③]，有忧色。左右曰：“一朝而两城下，此人之所以喜也，今君有忧色，何[④]？”襄子曰：“江河之大也[⑤]，不过三日。飘风暴雨[⑥]，日中不须臾。今赵氏之德行，无所于积，一朝而两城下，亡其及我乎！”孔子闻之曰：“赵氏其昌乎？”

【注释】

①翟：国名。《国语·晋语九》作“赵襄子使新稚穆子伐狄”。

②老人：当作“左人”。左人、中人，都邑名。

③抟（tuán）饭：弄成团的饭。

④何：下脱一“也”字。

⑤大：这里指涨水。

⑥飘风：旋风。这句是本老子“飘风不终朝，骤雨不终日”之义，用以说明强大之物不易持久。

【译文】

赵襄子派新稚穆子攻打翟国，攻下了左人城、中人城，新稚穆子派使者回来报告襄子，襄子正在吃抟成团的饭，听了以后，脸上现出忧愁的神色。身边的人说：“一下子攻下两座城，这是人们感到高兴的事，现在您却忧愁，这是为什么呢？”襄子说：“长江黄河涨水，不超过三天就会退落。疾风不能整天刮暴雨不能整天下。现在我们赵氏的品行，没有丰厚的蓄积，一下子攻下两座城，灭亡恐怕要让我赶上了！”孔子听到这件事以后说：“赵氏大概要昌盛了吧！”

夫忧所以为昌也，而喜所以为亡也。胜非其难者也，持之其难者也[1]。贤主以此持胜，故其福及后世。齐荆吴越，皆尝胜矣，而卒取亡，不达乎持胜也。唯有道之主能持胜。孔子之劲[2]，举国门之关[3]，而不肯以力闻。墨子为守攻，公输般服[4]，而不肯以兵加。善持胜者，以术强弱。

【注释】

①持：守，保持。

②劲：坚强有力。

③关：门闩。

④墨子为守攻，公输般服：公输般为楚国造云梯，要攻打宋国，墨子听说后去劝阻。公输般九次攻城，墨子九次打退他；公输般守城，墨子九次攻下。事见《墨子·公输》。公输般，古代巧匠。

【译文】

忧虑是昌盛的基础，喜悦是灭亡的起点。取得胜利不是困难的事，保持住胜利才是困难的事。贤明的君主依照这种认识，保持住胜利，所以他的福分能传到子孙后代。齐国、楚国、吴国、越国，都曾经胜利过，可是最终都遭到了灭亡，这是因为它们不懂得如何保持胜利啊！只有有道的君主，才能保持胜利。孔子力气那样大，能举起国都城门的门闩，却不肯以力气大闻名天下。墨子善于攻城守城，使公输般折服，却不肯以善于用兵被人知晓。善于保持胜利的人，能有办法使弱小变成强大。

慎大览·贵因

“贵因”是重视凭借、利用外物，顺应客观情势的意思。本篇列举大量事例，旨在论述“因则功”、“因则无敌”的思想。禹“因水之力”平治洪水，尧“因人之心”禅让帝位，汤、武“因民之欲”取代夏、商等事例，着重说明要善于凭借、利用外物；禹往裸国、墨子见荆王、孔子道弥子瑕见釐夫人等事例，着重强调要顺应客观情势。这种“贵因”的思想在今天仍有一定的借鉴意义。

三代所宝莫如因[①]，因则无敌。禹通三江五湖，决伊阙[②]，沟回陆[③]，注之东海，因水之力也。舜一徙成邑[④]，再徙成都，三徙成国，而尧授之禅位[⑤]，因人之心也。汤、武以千乘制夏、商[⑥]，因民之欲也。如秦者立而至[⑦]，有车也；适越者坐而至[⑧]，有舟也。秦、越，远涂也[⑨]，竫立安坐而至者[⑩]，因其械也。

【注释】

①因：凭借，顺应。

②伊阙：山名，又名“塞阙山”、“龙门山”。因两山相对如阙，伊水流经其间，故名“伊阙”。

③沟回陆：当作“迥（tóng）为陆”，指疏通沟道。迥，通达。陆，道。

④邑：与下文的“都”都指古代的区域单位，邑小都大。这几句意思是，舜受到人民拥戴，人民都归附他。

⑤禅（shàn）：把帝王之位传让给他人。

⑥千乘：即千乘之国，代称诸侯国。

⑦立而至：古代乘车立乘，所以说“立而至”。

⑧适：往，到……去。

⑨涂：同“途”，路途。

⑩竫（jìng）：安静。

【译文】

夏商周三代最宝贵的东西没有什么比得上顺应、依凭外物了，顺应、依凭外物就能所向无敌。禹疏通三江五湖，凿开伊阙山，使水道畅通，让水流入东海，是顺应了水的力量。舜迁移了一次形成城邑，迁移了两次形成都城，迁移了三次形成国家，因而尧把帝位让给了他，是顺应了人心。汤、武王凭着诸侯国的地位制服了夏、商，是顺应了人民的愿望。到秦国去的人站在车上就能到达，是因为有车；到越国去的人坐在船上就能到达，是因为有船。到秦国、越国去，路途遥远，安静地站着、坐着就能到达，是因为凭借着车船等交通工具。

武王使人候殷①，反报岐周曰②："殷其乱矣！"武王曰："其乱焉至③？"对曰："谗慝胜良④。"武王曰："尚未也。"又复往，反报曰⑤："其乱加矣！"武王曰："焉至？"对曰："贤者出走矣。"武王曰："尚未也。"又往，反报曰："其乱甚矣！"武王曰："焉至？"对曰："百姓不敢诽怨矣⑥。"武王曰："嘻！"遽告太公⑦，太公对曰："谗慝胜良，命曰戮⑧；贤者出走，命曰崩；百姓不敢诽怨，命曰刑胜⑨。其乱至矣，不可以驾矣⑩。"故选车三百，虎贲三千⑪，朝要甲子之期⑫，而纣为禽⑬。则武王固知其无与为敌也。因其所用，何敌之有矣！

【注释】

①候：刺探。

②岐周：城邑名。周武王的曾祖父古公亶父自豳迁于岐山下周原，筑城郭，因名岐周。故址在今陕西岐

山东北。

③焉至：何至，达到什么程度。

④谗慝（tè）：邪恶。此指邪恶之人。良：贤良。此指贤良之人。

⑤反：返回。这个意义后来写作“返”。

⑥诽：责备。

⑦遽：速。

⑧戮：暴乱。

⑨刑胜：刑法太过。

⑩驾：增加。

⑪虎贲：勇士。

⑫朝：朝会。要：约定。甲子之期：甲子日。武王伐纣，于甲子日兵至牧野。

⑬禽：擒获。这个意义后来写作“擒”。

【译文】

周武王派人刺探殷商的动静，那人回到岐周禀报说：“殷商大概要出现混乱了！”武王说：“它的混乱达到什么程度？”那人回答说：“邪恶的人胜过了忠良的人。”武王说：“混乱还没有达到极点。”那人又去刺探，回来禀报说；“它的混乱程度加重了！”武王说：“达到什么程度？”那人回答说；“贤德的人都出逃了。”武王说：“混乱还没有达到极点。”那人又去刺探，回来禀报说：“它的混乱很厉害了！”武王说：“达到什么程度？”那人回答说：“老百姓都不敢讲怨恨不满的话了。”武王说：“啊！”赶快把这种情况告诉太公望，太公望回答说：“邪恶的人胜过了忠良的人，叫做暴乱；贤德的人出逃，叫做崩溃；老百姓不敢讲怨恨不满的话，叫做刑法太苛刻。它的混乱达到极点了，已经无以复加了。”因此挑选了战车三百辆，勇士三千名，朝会诸侯时以甲子日为期兵至牧野，而擒获了纣王。这样看来，武王本来就知道纣王无法与自己为敌。善于利用敌方的力量，还有什么敌手呢？

武王至鲔水①，殷使胶鬲候周师②，武王见之。胶鬲曰：“西伯将何之③？无欺我也！”武王曰：“不子欺④，将之殷也。”胶鬲曰：“朅至⑤？”武王曰：“将以甲子至殷郊，子以是报矣！”胶鬲行。天雨，日夜不休，武王疾行不辍⑥。军师皆谏曰：“卒病⑦，请休之。”武王曰：“吾已令胶鬲以甲子之期报其主矣，今甲子不至，是令胶鬲不信也。胶鬲不信也，其主必杀之。吾疾行，以救胶鬲之死也。”武王果以甲子至殷郊，殷已先陈矣⑧。至殷，因战，大克之。此武王之义也。人为人之所欲⑨，己为人之所恶⑩，先陈何益？适令武王不耕而获⑪。

【注释】

①鲔（wěi）水：水名，在河南巩县北。武王伐纣时经过此处。

②胶鬲（gé）：原隐居为商，后经文王推举而为纣臣。

③西伯：本指周文王。文王在殷商时为西伯。《史记·殷本纪》：“纣赐昌弓矢斧钺，得征伐，为西

伯。”殷代州之长官曰“伯”，文王为雍州（在西方）之伯，故称“西伯”。这里的“西伯”指周武王。

④不子欺：不欺骗你。

⑤曷：通“曷”，何。

⑥辍（chuò）：停止。

⑦病：疲困。

⑧陈：摆开阵势。这个意义后来写作“阵”。

⑨人为人之所欲：指武王做人们想要做的事（伐纣）。前“人”指武王。

⑩己为人之所恶：指纣王自己做人们所厌恶的事。己，指纣王。

⑪适：恰好，正好。不耕而获：指不战而获胜。《史记·周本纪》：“纣师虽众，皆无战之心，心欲武王亟入，纣师皆倒兵以战，以开武王。武王驰之，纣兵皆崩，畔纣。纣走，反入登于鹿台之上，蒙衣其珠玉，自燔于火而死。”

【译文】

武王伐纣到了鲔水，殷商派胶鬲刺探周国军队的情况，武王会见了他。胶鬲说：“您将要到哪里去？不要欺骗我。”武王说：“不欺骗你，我将要到殷去。”胶鬲说：“哪一天到达？”武王说；“将在甲子日到达殷都郊外，你拿这话去禀报吧！”胶鬲走了。天下起雨来，日夜不停。武王加速行军，不停止前进。军官们都劝谏说：“士兵们很疲惫，请让他们休息休息。”武王说：“我已经让胶鬲把甲子日到达殷都郊外的事禀报给他的君主了，如果甲子日不能到达，这就是让胶鬲没有信用。胶鬲没有信用，他的君主一定会杀死他。我加速行军是为了救胶鬲的命啊。”武王果然在甲子日到达了殷都的郊外，殷商已经先摆好阵势了。武王到达以后，就开始交战，结果把殷商打得大败。这就是武王的仁义。武王做的是人们所希望的事情，纣王自己做的却是人们所厌恶的事情，事先摆好阵势又有什么用处？正好让武王不战而获胜。

武王入殷，闻殷有长者，武王往见之，而问殷之所以亡。殷长者对曰：“王欲知之，则请以日中为期。”武王与周公旦明日早要期[1]，则弗得也。武王怪之，周公曰：“吾已知之矣。此君子也。取不能其主[2]，有以其恶告王[3]，不忍为也。若夫期而不当，言而不信，此殷之所以亡也，已以此告王矣。”

【注释】

①要期：约定的时间。

②取：选取，采取。能：亲近，亲善。

③有：通“又”。

【译文】

武王进入殷都，听说有个德高望重的人，武王就去会见他，问他殷商之所以灭亡的原因。那个德高望重的人回答说：“您如果想要知道，那就请定于明天日中之时。”武王和周公旦第二天提前去了，却没有见到那个人。武王感到很奇怪，周公说：“我已经知道他的意思了。这是个君子啊。他本来就采取不亲近自己君主的态度，现在又要把自己君主的坏处告诉您，他不忍心这样做。至于约定了时间却不如期赴约，说了话却不守信用，这是殷商之所以灭亡的原因。他已经用这种方式把殷商灭亡的原因告诉您了。”

夫审天者，察列星而知四时，因也；推历者[①]，视月行而知晦朔[②]，因也；禹之裸国[③]，裸入衣出，因也；墨子见荆王，锦衣吹笙[④]，因也；孔子道弥子瑕见釐夫人[⑤]，因也；汤、武遭乱世，临苦民，扬其义，成其功，因也。故因则功[⑥]，专则拙[⑦]。因者无敌，国虽大，民虽众，何益？

【注释】

①历：历法。

②晦：夏历每月的最后一天。朔：夏历每月的第一天。

③裸国：指不知穿衣服的部族。

④锦衣：当作“衣锦”，指穿上华丽衣服。墨子好俭非乐，这里说他“衣锦吹笙”，是为了顺应荆王的嗜好。

⑤道：由。弥子瑕：卫灵公的宠臣。釐夫人：当指卫灵公夫人南子。

⑥因则功：顺应、依凭外物就会成功。

⑦专则拙：单凭个人力量就会失败。拙，这里是失败的意思。

【译文】

观测天象的人，观察众星运行的情况就能知道四季，是因为有所凭借；推算历法的人，观看月亮运行的情况就能知道晦日、朔日，是因为有所凭借；禹到裸体国去，裸体进去，出来以后再穿衣服，是为了顺应那里的习俗；墨子见楚王，穿上华丽衣服，吹起笙，是为了迎合楚王的爱好；孔子通过弥子瑕去见釐夫人，是为了借此实行自己的主张；汤、武王遇上混乱的世道，面对贫苦的人民，发扬自己的道义，成就了自己的功业，是因为顺应、依凭外物的缘故。所以善于顺应、依凭外物，就能成功；专凭个人的力量，就会失败。善于顺应、依凭外物的人所向无敌。在这样的人面前，国土即使广大，人民即使众多，又有什么益处？

慎大览·察今

本篇旨在阐发因时变法的思想。题为“察今”，即是对“法先王”主张的否定。文章指出，先王之法“不可得而法”，并非先王之法不贤，而是由于产生它的时势变化了，因此，法度也应随之变化。文章列举了荆人欲袭宋、楚人有涉江者、有过于江上者等三则寓言故事，说明如果因循守旧，不知变化，那是非常荒谬的，其结果必然失败。

本篇“世变时移，变法宜矣”的主张，符合当时取代了奴隶主阶级登上统治地位的新兴地主阶级的政治需要，在历史上是有一定进步意义的。

上胡不法先王之法[①]？非不贤也，为其不可得而法[②]。先王之法，经乎上世而来者也，人或益之，人或损之，胡可得而法？虽人弗损益，犹若不可得而法。东夏之命[③]，古今之法，言异而典殊[④]。故古之命多不通乎今之言者，今之法多不合乎古之法者。殊俗之民，有似于此。其所为欲同，其所为异。口惛之命不愉[⑤]，若舟车衣冠滋味声色之不同。人以自是，反以相诽。天下之学者多辩，言利辞倒，不求其实，务以相毁，以胜为故[⑥]。先王之法，胡可得而法？虽可得，犹若不可法。

【注释】

①上：指君主。前“法”是动词，取法、效法的意思。后“法”是名词，法令，法度。

②不可得：不可能。

③东：指东夷，东方少数民族。夏：指华夏，中原各国。命：名，指事物的名称。

④典：典章制度。

⑤口惛之命：指方言。惛，通“吻”。愉：通“渝”，改变。这句是说，各地方言的差别是存在的。

⑥故：事。

【译文】

当今的君主为什么不效法古代帝王的法度？并不是古代帝王的法度不好，是因为它不可能被效法。古代帝王的法度，是经过前代流传下来的，有的人增补过它，有的人删削过它，怎么可能被效法？即使人们没有增补、删削过，还是不可能被效法。东夷和华夏对事物的名称，言词不同；古代和现代的法度，典制不一样。所以古代的名称与现在的叫法大多不相通，现在的法度与古代的法度大多不相合。不同习俗的人民，与这种情况相似。他们所要实现的愿望相同，他们的所作所为却不同。各地的方言不能改变，如同船、车、衣、帽、滋味、音乐、色彩的不同一样。可是人们却自以为是，反过来又互相责难。天下有学识的人大都善辩，言谈锋利，是非颠倒，不求符合实际，致力于互相诋毁，以争胜为能事。古代君主的法度，怎么可能被效法呢？即使可能，还是不可以效法。

凡先王之法，有要于时也①。时不与法俱至，法虽今而至，犹若不可法。故择先王之成法②，而法其所以为法。先王之所以为法者，何也？先王之所以为法者，人也，而己亦人也。故察己则可以知人，察今则可以知古。古今一也，人与我同耳。有道之士，贵以近知远，以今知古，以益所见知所不见③。故审堂下之阴④，而知日月之行，阴阳之变；见瓶水之冰，而知天下之寒，鱼鳖之藏也；尝一脟肉⑤，而知一镬之味⑥，一鼎之调⑦。

【注释】

①要于时：与时代相合。要，合。

②择：一作“释”。释，放弃，丢开。

③益：当为衍字。

④阴：指日影、月影。

⑤一脟（luán）肉：一块肉。脟，切成的块状肉。

⑥镬（huò）：无足的鼎。与下文的“鼎”，都是古代煮肉器具。

⑦调：调和。这里指调味。

【译文】

凡是古代帝王的法度，都是与当时的时势相符合的。时势不能与法度一起流传下来，法度虽然流传到现在，还是不可以效法。所以要放弃古代帝王的现成法度，而取法他们制定法度的依据。古代帝王制定法度的依据是什么呢？古代帝王制定法度的依据是人，而自己也是人。所以考察自己就可以知道别人，考察现在就可以知道古代。古今的道理是一样的，别人与自己是相同的。有道之人，他们的可贵之处在于由近的可以推知远的，由现在的可以推知古代的，由见到的可以推知见不到的。所以，观察堂屋下面的阴影，就可以知道日月运行的情况，阴阳变化的情况；看到瓶里的水结了冰，就知道天下已经寒冷，鱼鳖已经潜藏了；尝一块肉，就可以知道一锅肉的味道，就可以知道一鼎肉味道调和的情况。

荆人欲袭宋，使人先表澭水[①]。澭水暴益[②]，荆人弗知，循表而夜涉，溺死者千有余人，军惊而坏都舍[③]。向其先表之时可导也[④]，今水已变而益多矣，荆人尚犹循表而导之，此其所以败也。今世之主法先王之法也，有似于此。其时已与先王之法亏矣⑤，而曰此先王之法也，而法之，以此为治，岂不悲哉？

【注释】

①表：做标记。下文“循表”之“表”指标记。澭水：古水名，也作“灉水”。其故道为黄河所淤塞，已无遗迹可寻，当在河南境内。

②暴：突然。益：水满外溢。这个意义后来写作“溢”。

③而：如。都舍：都市里的房子。

④向：从前。可导：指可以顺着标记渡过去。

⑤亏：通“诡”，异。

【译文】

楚国人想攻打宋国，派人先在澭水中设置渡河的标志。澭水突然上涨，楚国人不知道，按照标志夜里渡河，淹死的有一千多人，军队惊乱的状况就像城市里的房屋倒坍一样。当初他们事先设置标志的时候，是可以顺着标志渡河的，现在河水已经发生变化上涨了，楚国人还按照标志渡河，这就是他们所以失败的原因。现在的君主要效法古代帝王的法度，与这种情况相似。他所处的时代已经与古代帝王的法度不适应了，却还说，这是古代帝王的法度，应该效法它。用这种办法治理国家，难道不是很可悲吗？

故治国无法则乱，守法而弗变则悖，悖乱不可以持国。世易时移，变法宜矣。譬之若良医，病万变，药亦万变。病变而药不变，向之寿民①，今为殇子矣②。故凡举事必循法以动，变法者因时而化，若此论则无过务矣③。夫不敢议法者，众庶也④；以死守者⑤，有司也⑥；因时变法者，贤主也。是故有天下七十一圣⑦，其法皆不同。非务相反也，时势异也。故曰良剑期乎断，不期乎镆铘⑧；良马期乎千里，不期乎骥骜⑨。夫成功名者，此先王之千里也。

【注释】

①寿民：长寿的人。

②殇（shāng）子：未成年而死的孩子。

③无过务：无错事。务，事。

④众庶：众人。指百姓。庶，众。

⑤守：下脱一“法”字。

⑥有司：指各种官吏。

⑦七十一圣：指古代的圣贤君主。

⑧镆铘（mòyé）：宝剑名。

⑨骥骜（ji' ào）：都是千里马名。

【译文】

所以，治理国家没有法度就会出现混乱，死守法度不加改变就会发生谬误，出现谬误和混乱，是不能保守住国家的。社会变化了，时代发展了，变法是应该的了。这就像高明的医生一样，病万变，药也应该万变。病变了药却不变，原来可以长寿的人，如今就会成为短命的人了。所以凡是做事情一定要依照法度去行动，变法的人要随着时代而变化，如果懂得这个道理，那就没有错误的事了。那些不敢议论法度的，是一般的百姓；死守法度的，是各种官吏；顺应时代变法的，是贤明的君主。因此，古代享有天下的七十一位圣贤君主，他们的法度都不相同。并不是他们有意要彼此相反，而是因为时代和形势不同。所以说，好剑期求它能砍断东西，不一定期求它有镆铘那样的美名；好马期求它能行千里远，不一定期求它有骥骜那样的美称。成就功名，这正是古代帝王所希望达到的“千里”啊。

楚人有涉江者，其剑自舟中坠于水，遽契其舟①，曰：“是吾剑之所从坠。”舟止，从其所契者入水求之。舟已行矣，而剑不行，求剑若此，不亦惑乎？以此故法为其国，与此同。时已徙矣，而法不徙，以此为治，岂不难哉？

【注释】

①遽（jù）：速。契：刻。

【译文】

楚国人有个渡江的，他的剑从船上掉到水里，他急忙在船边刻上记号，说：“这里是我的剑掉下去的地方。”等船停了，就从他刻记号的地方下水去找剑。船已经移动了，可是剑却没有移动，像这样寻找剑，不是太糊涂了吗？用旧法来治理自己的国家，与这个人相同。时代已经改变了，可是法度却不随着改变，想用这种办法治理好国家，难道不是很难吗？

有过于江上者，见人方引婴儿而欲投之江中，婴儿啼。人问其故，曰："此其父善游。"其父虽善游，其子岂遽善游哉[1]？此任物[2]，亦必悖矣。荆国之为政，有似于此。

【注释】

①岂遽：等于说"岂"。

②此：上当脱"以"字。任：这里是"对待"的意思。

【译文】

有个从江边经过的人，看见一个人正拉着小孩想把他扔到江中，小孩哭起来。人们问这人为什么，他说："这个小孩的父亲善于游泳。"父亲虽然善于游泳，儿子难道就善于游泳吗？用这种方法来处理事物，也一定是荒谬的了。楚国处理政事的情况，与此相似。

先识览·察微

本篇阐发了察微的道理。文章指出:“治乱存亡，其始若秋毫，察其秋毫，则大物不过矣。”全文就是围绕这一观点从正反两方面举例加以论证的。文章举例赞扬孔子“见之以细，观化远也”，指出智士贤者应该处心积虑，考察事物的端倪，见微知著，防患于未然。文章还列举了吴楚卑梁之争、宋华元飨士而忘其御、鲁昭公听伤而不辨其义三则事例，说明小处不察，必酿成大患，以历史教训为借鉴，从反面强调了察微的重要。

使治乱存亡若高山之与深谿[①]，若白垩之与黑漆[②]，则无所用智，虽愚犹可矣。且治乱存亡则不然[③]。如可知，如可不知[④]；如可见，如可不见。故智士贤者相与积心愁虑以求之[⑤]，犹尚有管叔、蔡叔之事与东夷八国不听之谋[⑥]。故治乱存亡，其始若秋毫[⑦]。察其秋毫，则大物不过矣。

【注释】

①使：假使。

②白垩（è）：白色的土。

③且：等于说“而”。

④可不：当作“不可”。下句同。

⑤愁虑：等于说“积虑”。愁，通“揫”，聚的意思。

⑥管叔、蔡叔之事与东夷八国不听之谋：管叔、蔡叔为周武王之弟，武王灭商后，分别封于管（今河南郑州）和蔡（今河南上蔡西南）。武王死，成王幼，周公摄政，管叔、蔡叔不服，和武庚（纣王之子）一起叛乱，东夷八国附从，不听王命。

⑦秋毫：鸟兽在秋天新长出的细毛。用以比喻极微小的东西。

【译文】

假设治和乱、存和亡的区别像高山和深谷，像白土和黑漆那样分明，那就没有必要运用智慧，即使蠢人也可以知道了。然而治和乱、存和亡的区别并不是这样。好像可知，又好像不可知；好像可见，又好像不可见。所以有才智的人、贤明的人都在千思百虑、用尽心思去探求治乱存亡的征兆，尽管如此，尚且有管叔、蔡叔的叛乱事件和东夷八国不听王命的阴谋。所以治乱存亡，它们刚刚出现的时候就像秋毫那样，能够明察秋毫，大事就不会出现过失了。

鲁国之法，鲁人为人臣妾于诸侯[①]，有能赎之者，取其金于府[②]。子贡赎鲁人于诸侯，来而让，不取其金。孔子曰："赐失之矣[③]。自今以往，鲁人不赎人矣。"取其金，则无损于行；不取其金，则不复赎人矣。子路拯溺者，其人拜之以牛[④]，子路受之。孔子曰："鲁人必拯溺者矣。"孔子见之以细，观化远也[⑤]。

【注释】

①臣：男奴仆。妾：女奴仆。

②府：收藏钱财的地方。这里指公家府库。

③赐：孔子弟子子贡姓端木，名赐，字子贡。

④拜：谢。

⑤观化远：指对事情的发展变化有远见。

【译文】

鲁国的法令规定，鲁国人在其他诸侯国给人当奴仆，有能赎出他们的，可以从国库中支取金钱。子贡从其他诸侯国赎出了做奴仆的鲁国人，回来却推辞，不支取金钱。孔子说："端木赐做错了。从今以后，鲁国人不会再赎人了。”支取金钱，对品行并没有损害；不支取金钱，就不会有人再赎人了。子路救了一个溺水的人，那个人用牛来酬谢他，子路收下了牛。孔子说：“鲁国人一定会救溺水的人了。”孔子能从细小处看到结果，这是由于他对事物的发展变化观察得远啊。

楚之边邑曰卑梁[①]，其处女与吴之边邑处女桑于境上[②]，戏而伤卑梁之处女。卑梁人操其伤子以让吴人[③]，吴人应之不恭，怒，杀而去之。吴人往报之，尽屠其家。卑梁公怒[④]，曰：“吴人焉敢攻吾邑？”举兵反攻之，老弱尽杀之矣。吴王夷昧闻之[⑤]，怒，使人举兵侵楚之边邑，克夷而后去之[⑥]。吴、楚以此大隆[⑦]。吴公子光又率师与楚人战于鸡父[⑧]，大败楚人，获其帅潘子臣、小帷子、陈夏啮[⑨]。又反伐郢[⑩]，得荆平王之夫人以归[⑪]，实为鸡父之战。凡持国，太上知始，其次知终，其次知中。三者不能，国必危，身必穷。《孝经》曰[⑫]：“高而不危，所以长守贵也；满而不溢，所以长守富也。富贵不离其身，然后能保其社稷，而和其民人。”楚不能之也。

【注释】

①卑梁：《史记》称是吴边邑，与本文记载不同。

②桑：用如动词，采桑。

③子：指上文“处女”。古代男孩女孩都可称“子”。

让：责备。

④卑梁公：卑梁邑的守邑大夫。楚僭称王，故守邑大夫都称公。

⑤夷昧：他书或作“馀昧”、“馀眛”。春秋时吴国国君，吴王寿梦之子，公元前530—前527年在位。

⑥夷：平。

⑦隆：通“哄”（hòng），相斗。

⑧公子光：吴王诸樊之子（据《史记》、《吴越春秋》）。鸡父：古地名，在今河南固始东南。

⑨潘子臣、小帷子：都是楚国大夫。陈夏啮（niè）：陈国大夫夏啮。鸡父之战，陈助楚，故其大夫为吴所擒。按，据《左传》记载，鸡父之战，吴获陈夏啮在鲁昭公二十三年；吴太子终累获潘子臣、小惟（又作“帷”）子在鲁定公六年。与本文所记不同。

⑩反：复。郢：楚国国都。

⑪得荆平王之夫人以归：本文言“伐郢”，“得荆平王之夫人以归”，与《左传》所载不同。《左传·昭公二十三年》：“楚太子建之母（按：即荆平王之夫人）在郹，召吴人而启之。冬十月甲申，吴太子诸樊入郹，取楚夫人与其宝器以归。”

⑫《孝经》曰：下引文见今《孝经·诸侯章》。

【译文】

楚国有个边境城邑叫卑梁，那里的姑娘与吴国边境城邑的姑娘一起在边境上采桑叶，嬉戏时，吴国的姑娘伤了卑梁的姑娘。卑梁人带着受伤的姑娘去责备吴国人，吴国人应答很不恭敬，卑梁人很恼怒，杀死了那个吴国人就走了。吴国人去报复，把那个楚国人全家都杀死了。卑梁的守邑大夫大怒，说："吴国人怎么竟敢攻打我的城邑？"发兵去攻打吴国人，连老弱全都杀死了。吴王夷昧听到这事以后大怒，派人率兵侵犯楚国的边境城邑，攻克楚国边邑，把它夷为平地，然后才离开。吴国、楚国因此展开大战。吴公子光又率领军队在鸡父跟楚国军队交战，把楚军打得大败，俘虏了楚军的主帅潘子臣、小帷子以及陈国的夏啮。又接着攻打郢，得到了楚平王的夫人，把她带回吴国，这实际上还是鸡父之战的继续。凡是要守住国家，最上等的是洞察事情的开端，其次是预见到事情的结局，再次是随着事情的发展了解它。这三样都做不到，国家一定危险，自身一定困窘。《孝经》上说："高却不倾危，因此能够长期保住尊贵；满却不外溢，因此能够长期保住富足。富贵不离身，然后才能保住国家，使人民和谐。"楚国恰恰不能做到这些。

郑公子归生率师伐宋[①]。宋华元率师应之大棘[②]，羊斟御[③]。明日将战，华元杀羊飨士，羊斟不与焉[④]。明日战，怒谓华元曰："昨日之事，子为制[⑤]；今日之事，我为制。"遂驱入于郑师。宋师败绩[⑥]，华元虏。夫弩机差以米则不发[⑦]。战，大机也。飨士而忘其御也，将以此败而为虏，岂不宜哉！故凡战必悉熟偏备[⑧]，知彼知己，然后可也。

【注释】

①归生：春秋时郑国大夫，字子家。

②华元：春秋时宋国大夫，历事文公、共公、平公三君。大棘：宋邑。故址在今河南柘城西北。

③羊斟：宋人，华元的驭手，后奔鲁。御：驾车。

④与（yù）：参与，在其中。

⑤制：这里是控制、掌握的意思。

⑥败绩：大败。

⑦弩机：弩牙，弩上发箭的装置。弩，古代一种利用机械力量发射箭的弓。米：指一个米粒的长度。

⑧悉：全，都。偏：通“遍”。

【译文】

郑公子归生率领军队攻打宋国。宋国的华元率领军队在大棘迎敌，羊斟给他做驭手。第二天将要作战，华元杀了羊宴享甲士，羊斟却不在宴享的人中。第二天作战的时候，羊斟愤怒地对华元说：“昨天宴享的事由你掌握，今天驾车的事该由我掌握了。”于是把车一直赶进郑国军队里。宋国军队大败，华元被俘。弩牙相差一个米粒就不能发射。战争正像一个大的弩牙。宴享甲士却忘了自己的驭手，将帅因此战败被俘，难道不是应该的吗？所以，凡作战一定要熟悉全部情况，作好全面准备，知己知彼，然后才可以作战。

鲁季氏与郈氏斗鸡[①]，郈氏介其鸡[②]，季氏为之金距[③]。季氏之鸡不胜，季平子怒，因归郈氏之宫[4]，而益其宅[5]。郈昭伯怒，伤之于昭公[6]，曰："禘于襄公之庙也[7]，舞者二人而已[8]，其余尽舞于季氏。季氏之舞道[9]，无上久矣[10]。弗诛，必危社稷。"公怒，不审[11]，乃使郈昭伯将师徒以攻季氏，遂入其宫。仲孙氏、叔孙氏相与谋曰[12]："无季氏，则吾族也死亡无日矣。"遂起甲以往[13]，陷西北隅以入之[14]，三家为一，郈昭伯不胜而死。昭公惧，遂出奔齐，卒于乾侯[15]。鲁昭公听伤而不辩其义[16]，惧以鲁国不胜季氏，而不知仲、叔氏之恐，而与季氏同患也。是不达乎人心也。不达乎人心，位虽尊，何益于安也？以鲁国恐不胜一季氏，况于三季[17]？同恶固相助[18]。权物若此其过也[19]，非独仲、叔氏也，鲁国皆恐。鲁国皆恐，则是与一国为敌也。其得至乾侯而卒犹远[20]。

【注释】

①季氏：季孙氏，鲁国最有权势的贵族。此指季平子。郈（hòu）氏：鲁国公室。此指郈昭伯。

②介：甲，给……披上甲。

③为之金距：给鸡套上金属爪。之，代鸡。距，鸡爪。

④归：当是"侵"字之误。宫：室。

⑤益其宅：扩大自己的住宅。

⑥伤：诋毁。

⑦禘（dì）：古代祭名。襄公：昭公之父。

⑧二人：当为"二八"之误。古代舞制，天子八佾

（舞蹈时八人一行，谓之一佾），诸侯六佾，大夫四佾。鲁本诸侯，礼当用六佾，今只用二佾，其余四佾为季氏占有。故《论语·八佾》说季氏“八佾舞于庭”。

⑨舞道：舞蹈的规矩。

⑩无上：目无君主。

⑪审：详察。

⑫仲孙氏、叔孙氏：都是鲁国的贵族，与季孙氏同族。

⑬起甲：发兵。甲，甲士。

⑭隅：墙角。

⑮乾侯：晋邑，在今河北成安东南。

⑯辩：通“辨”，分辨。

⑰三季：三个季氏。指季孙氏、仲孙氏、叔孙氏。

⑱同恶（wù）：所厌恶的相同。这里指仲孙氏、叔孙氏、季孙氏都厌恶昭公。

⑲权：衡量。

⑳其得至乾侯而卒犹远：大意是，昭公与一国为敌，在国内就该被杀，今得以死在乾侯，还算是有幸死得远了呢。

【译文】

鲁国的季氏与郈氏斗鸡，郈氏给他的鸡披上甲，季氏给鸡套上金属爪。季氏的鸡没有斗胜，季平子很生气，于是侵占郈氏的房屋，扩大自己的住宅。郈昭伯非常恼怒，就在昭公面前诋毁季氏说：“在襄公之庙举行大祭的时候，舞蹈的人仅有十六人而已，其余的人都到季氏家去跳舞了。

季氏家舞蹈人数超过规格，他目无君主已经很长时间了。不杀掉他，一定会危害国家。”昭公大怒，不加详察，就派郈昭伯率领军队去攻打季氏，攻入了他的庭院。仲孙氏、叔孙氏彼此商量说：“如果没有了季氏，那我们家族离灭亡就没有几天了。”于是发兵前往救助，攻破了院墙的西北角进入庭院，三家合兵一处，郈昭伯不能取胜而被杀死。昭公害怕了，于是逃亡到齐国，后来死在乾侯。鲁昭公听信诋毁季氏的话，却不分辨是否合乎道理，他只害怕凭着鲁国不能胜过季氏，却不知道仲孙氏、叔孙氏也很恐惧，他们与季孙氏是患难与共的。这是由于不了解人心啊。不了解人心，地位即便尊贵，对安全又有什么益处呢？凭借鲁国尚且害怕不能胜过一个季氏，更何况三个季氏呢？他们都厌恶昭公，本来就会互相救助。昭公权衡事情错误到如此地步，不只是仲孙氏、叔孙氏，整个鲁国都会感到恐惧。整个鲁国都感到恐惧，这就是与整个国家为敌了。昭公与整个国家为敌，在国内就该被杀，今得以死在乾侯，还算有幸死得远了呢！

先识览·去宥

本篇旨在论述认识问题的方法。所谓“去宥”，是说要正确认识事物，必须去掉主观偏见。文章列举了秦惠王问唐姑果、荆威王学书于沈尹华、邻父有与人邻者、齐人有欲得金者四例，说明：“夫人有所宥者，固以昼为昏，以白为黑，以尧为桀。宥之为败亦大矣”；论证了“凡人必别宥然后知”这一中心论点。

东方之墨者谢子[①]，将西见秦惠王[②]。惠王问秦之墨者唐姑果[③]。唐姑果恐王之亲谢子贤于己也，对曰：“谢子，东方之辩士也。其为人甚险，将奋于说，以取少主也[④]。”王因藏怒以待之。谢子至，说王，王弗听。谢子不说[⑤]，遂辞而行。凡听言以求善也，所言苟善，虽奋于取少主，何损？所言不善，虽不奋于取少主，何益？不以善为之悫[⑥]，而徒以取少主为之悖，惠王失所以为听矣[⑦]。用志若是，见客虽劳，耳目虽弊[⑧]，犹不得所谓也[⑨]。此史定所以得行其邪也[⑩]，此史定所以得饰鬼以人、罪杀不辜，群臣扰乱，国几大危也。人之老也，形益衰而智益盛。今惠王之老也，形与智皆衰邪？

【注释】

①谢子：姓谢，子是古代对人的尊称。

②秦惠王：即秦惠文王，战国时秦国国君，名驷，公元前337—前311年在位。

③唐姑果：秦国的墨家人物。

④取少主：取得少主的欢心。少主，指惠王的太子。

⑤说：喜悦。这个意义后来写作“悦”。

⑥为之悫（què）：认为他忠厚老实。为，通“谓”。下句“为”与此同。悫，诚实，忠厚。

⑦所以为听：指听言的目的。

⑧弊：疲弊。

⑨所谓：指宾客言谈的宗旨。

⑩史定：秦史官，名定。行其邪：即指下文的“饰鬼以人，罪杀不辜”。

【译文】

东方墨家学派的谢子，将要到西方去见秦惠王。惠王向秦国墨家学派的唐姑果打听谢子的情况。唐姑果担心秦王亲近谢子超过自己，就回答说：“谢子是东方能言善辩的人。他为人很狡诈，他这次来，将竭力游说，以取得太子的欢心。”秦王于是心怀愤怒等待谢子的到来。谢子来了，劝说秦王，秦王不听从他的意见。谢子很不高兴，于是就告辞走了。凡听人议论是为了听取好的意见，所说的意见如果好，即便是竭力想取得太子的欢心，又有什么损害？所说的意见如果不好，即便不是要竭力取得太子的欢心，又有什么益处？不因为他的意见好认为他诚实，而只是因为他想取得太子的欢心就认为他悖逆，惠王丧失了所以要听取意见的目的了。像这样动用心思，会见宾客即使很劳苦，耳朵眼睛即使非常疲惫，还是得不到宾客言谈的要旨。这就是史定之所以能够干邪僻之事的原因，这就是史定之所以能用人装扮成鬼、加罪杀戮无辜之人，以致群臣骚乱、国家几乎危亡的原因。人到了年老的时候，身体越来越衰弱，可是智慧越来越旺盛。现在惠王已到了老年，难道身体和智慧都衰竭了吗？

荆威王学书于沈尹华①，昭釐恶之②。威王好制③，有中谢佐制者④，为昭釐谓威王曰：“国人皆曰：王乃沈尹华之弟子也。”王不说，因疏沈尹华。

中谢，细人也[5]，一言而令威王不闻先王之术[6]，文学之士不得进[7]，令昭釐得行其私。故细人之言，不可不察也。且数怒人主，以为奸人除路[8]；奸路已除，而恶壅却[9]，岂不难哉？夫激矢则远[10]，激水则旱[11]，激主则悖，悖则无君子矣。夫不可激者，其唯先有度。

【注释】

①荆威王：即楚威王，名熊商。书：指古代文献典籍。沈尹华：威王之臣。

②昭釐（xī）：当是威王之臣。

③制：成法，法制。

④中谢：官职名，侍奉帝王的近臣。

⑤细人：小人，指地位卑贱的人。

⑥术：道术，方法。

⑦文学之士：研习、精通古代文献典籍的人。

⑧除路：扫清仕进之路。除，修治。

⑨壅却：指贤人的仕进之路被阻塞。

⑩激矢：这里指奋力向后引箭。

⑪激水则旱：阻遏水流，水势就猛。旱，通“悍”，猛。

【译文】

楚威王向沈尹华学习文献典籍，昭釐对此很忌恨。威王喜好法制，有个帮助制定法令的中谢官替昭釐对威王说：“国人都说：王是沈尹华的弟子。”威王很不高兴，于是就疏远了沈尹华。中谢官是地位卑贱的人，他说了一句话就让威王不能听到先王治国之道，使那些研习、精通古代文献典籍的人不得重用，让昭釐得以实现自己的阴谋。所以，对地位卑贱的人所说的话不可不明察啊。他们多次激怒人主，借此替奸人扫清仕进之路；奸人的仕进之路扫清了，却又厌恶贤人的仕进之路被阻塞，这难道不是很难吗？奋力向后引箭，箭就射得远；阻遏水流，水势就猛；激怒君主，君主就会悖谬，君主悖谬就没有君子辅佐了。不可激怒的，大概只有心中早有准则的君主吧。

邻父有与人邻者①，有枯梧树，其邻之父言梧树之不善也②，邻人遽伐之。邻父因请而以为薪。其人不说曰："邻者若此其险也，岂可为之邻哉？"此有所宥也③。夫请以为薪与弗请，此不可以疑枯梧树之善与不善也。

【注释】

①邻父：当涉下文而衍。

②父（fǔ）：古代对老年男子的尊称。

③宥：通"囿"，局限，闭塞。

【译文】

有个人与别人为邻，家中有棵干枯的梧桐树，与他为邻的一位老者说这棵梧桐不好，他立刻就把它伐了。那位老者于是要那棵梧桐树，想拿去当柴烧。他不高兴地说："这个邻居竟这样地险诈啊，怎么可以跟他做邻居呢？"这是有所蔽塞啊。要那棵梧桐把它作柴烧，或是不要，这些都不能作为怀疑梧桐树好还是不好的依据。

齐人有欲得金者，清旦，被衣冠①，往鬻金者之所②，见人操金，攫而夺之③。吏搏而束缚之④，问曰："人皆在焉，子攫人之金，何故？"对吏曰⑤："殊不见人⑥，徒见金耳。"此真大有所宥也。

【注释】

①被（pī）：这里是穿戴的意思。这个意义后来写作"披"。

②鬻（yù）：卖。

③攫：本指鸟用爪疾取，引申为抓取。

④搏：抓住。

⑤吏：执法的官吏。

⑥殊：极，很。这里有根本的意思。

【译文】

齐国有个一心想得到金子的人，清晨，穿上衣服，戴好帽子，到了卖金子的人那里，看见人拿着金子，抓住金子就夺了过来。吏役把他抓住捆了起来，问他说："人都在这里，你就抓取人家的金子，这是为什么？"他回答说："我根本没有看见人，只见到金子罢了。"这真是蔽塞到极点了。

夫人有所宥者，固以昼为昏，以白为黑，以尧为桀。宥之为败亦大矣。亡国之主，其皆甚有所宥邪？故凡人必别宥然后知，别宥则能全其天矣[①]。

【注释】

①天：指身。

【译文】

有所蔽塞的人，本来就把白天当成黑夜，把白当成黑，把尧当成桀。蔽塞的害处真也太大了。亡国的君主大概都是蔽塞到极点了吧？所以，凡是人一定要能够区分什么是蔽塞，然后才能知道事物的全貌；能够区分什么是蔽塞就能保全自身了。

审应览·精谕

所谓“精谕”，是说人们的思想可以通过精神表现出来。文章一开始所举的一则寓言——海上之人有好蜻者，就是要表明“精谕”的。文章列举了胜书说周公、孔子见温伯雪子、白公问孔子三例，说明“圣人相谕不待言”，主张“至言去言，至为无为”，这显然是受了道家思想的影响。最后，文章以齐桓公谋伐卫、晋襄公使人于周为例，说明人的思想还可以通过“容貌音声”、“行步气志”表现出来，圣贤之人对此能够体察，因而能作出正确的决断。

圣人相谕不待言，有先言言者也[①]。

【注释】

①有先言言者：思想可以先于言语表达出来。第一个“言”是名词，第二个“言”是动词。

【译文】

圣人相互晓谕不须言语，有先于言语表达思想的东西。

海上之人有好蜻者，每居海上，从蜻游，蜻之至者百数而不止，前后左右尽蜻也，终日玩之而不去[①]。其父告之曰：“闻蜻皆从女居，取而来，吾将玩之。”明日之海上，而蜻无至者矣。

【注释】

①去：离开。

【译文】

海上有个喜欢蜻蜓的人，每当他停留在海上，总跟蜻蜓在一起嬉戏，来的蜻蜓数以百计都不止，前后左右尽是蜻蜓，整天玩赏它们，它们都不离开。他的父亲告诉他说：“听说蜻蜓都跟你在一起，你把它们带来，我也要玩赏它们。”第二天到了海上，蜻蜓没有一个来的了。

胜书说周公旦曰[①]：“廷小人众，徐言则不闻，疾言则人知之。徐言乎，疾言乎？”周公旦曰：“徐言。”胜书曰：“有事于此，而精言之而不明[②]，勿言之而不成。精言乎，勿言乎？”周公旦曰：“勿言。”故胜书能以不言说，而周公旦能以不言听。此之谓不言之听。不言之谋，不闻之事，殷虽恶周，不能疵矣[③]。口唶不言[④]，以精相告，纣虽多心，弗能知矣。目视于无形，耳听于无声，商闻虽众，弗能窥矣。同恶同好，志皆有欲，虽为天子，弗能离矣。

【注释】

①胜书：人名。

②精：微。

③疵：毁谤，责难。

④唶（wěn）：同“吻”。

【译文】

胜书劝说周公旦道：“廷堂小而人很多，轻声说您不能听到，大声说别人就会知道。是轻声说呢，还是大声说呢？”周公旦说：“轻声说。”胜书说：“假如有件事情，隐微地说不能说明白，不说就不能办成。是隐微地说呢，还是不说呢？”周公旦说：“不说。”所以胜书能凭着不言劝说周公，而周公旦也能凭着对方的不言听懂他的意思。这就叫做不用别人说话就能听懂。不说出来的计谋，听不到的事情，商虽然厌恶周，也不能挑毛病。嘴巴不讲话，通过神情告诉对方，纣虽然多心，也不能知道周的计谋。眼睛看到的都是无形的东西，耳朵听到的都是无声的东西，商探听消息的人虽然很多，也不能窥见周的秘密。听者与说者好恶相同，志欲一样，虽然是天子，也不能把他们隔断。

孔子见温伯雪子[①]，不言而出。子贡曰：“夫子之欲见温伯雪子好矣[②]，今也见之而不言，其故何也？”孔子曰：“若夫人者[③]，目击而道存矣，不可以容声矣[④]。”故未见其人而知其志，见其人而心与志皆见，天符同也[⑤]。圣人之相知，岂待言哉？

【注释】

①温伯雪子：当时的贤者。

②好：义未详。《庄子·田子方》作“久”，译文姑依《庄子》。

③夫人：那个人。夫，彼，那。

④不可以容声矣：用不着再讲话了。

⑤天符：天道。同：相合。

【译文】

孔子去见温伯雪子，不说话就出来了。子贡说：“先生您希望见到温伯雪子已经很久了，现在见到了却不说话，这是什么原因呢？”孔子说：“像他那样的人，用眼一看就知道他是有道之人，用不着再讲话了。”所以，还没有见到那个人就能知道他的志向，见到那个人以后他的内心与志向都能看清楚，这是因为彼此都与天道相合。圣人相互了解，哪里要等待言语呢？

白公问于孔子曰[①]：“人可与微言乎[②]？”孔子不

应。白公曰："若以石投水[3]，奚若[4]？"孔子曰："没人能取之[5]。"白公曰："若以水投水，奚若？"孔子曰："淄、渑之合者[6]，易牙尝而知之[7]。"白公曰："然则人不可与微言乎？"孔子曰："胡为不可？唯知言之谓者为可耳[8]。"白公弗得也。知谓则不以言矣[9]，言者谓之属也。求鱼者濡[10]，争兽者趋[11]，非乐之也。故至言去言，至为无为。浅智者之所争则末矣[12]。此白公之所以死于法室[13]。

【注释】

①白公：楚大夫，名胜，楚平王之孙，太子建之子。太子建因受陷害而出奔郑，后被郑人杀死。为报父仇，白胜谋划杀死楚国领兵救郑的令尹子西、司马子期。下文的问"微言"即指此。

②微言：不明言，以暗喻示意。

③若以石投水：比喻微言像把石头投入水中一样，无人知晓。

④奚若：何如，怎么样。

⑤没人：在水中潜行的人。

⑥淄、渑：齐国境内二水名。合：汇合。

⑦易牙：齐桓公近臣，善别滋味。

⑧谓：意思，思想。

⑨言：此字当叠。

⑩濡：沾湿。

⑪趋：快步走，奔跑。

⑫末：微小，渺小。

⑬法室：刑室，监狱。一说为浴室。按，据《左传》，白公于楚惠王十年（前479年）起兵杀死令尹子西、司马子期，控制楚都，后被叶公子高打败，“白公奔山而缢”。这里的说法与《左传》异。

【译文】

白公向孔子问道：“人可以跟他讲隐秘的话吗？”孔子不回答。白公说：“讲的隐秘的话就如同把石头投入水中一样不为人所知，怎么样？”孔子说：“在水中潜行的人能得到它。”白公说：“就如同把水倒入水中一样不为人所知，怎么样？”孔子说：“淄水、渑水汇合在一起，易牙尝尝就能区分它们。”白公说：“这样说来，那么人不可以跟他讲隐秘的话了吗？”孔子说：“为什么不可以？只有懂得说的话的意思的人才可以啊。”白公不懂得说的话的意思。懂得意思就可以不用言语了，因为言语是表达思想的。捕鱼的要沾湿衣服，争抢野兽的要奔跑，并不是他们愿意沾湿衣服或奔跑。所以，最高境界的言语是抛弃言语，最高境界的作为是无所作为。才智短浅的人他们所争的已是很渺小了。这就是白公后来死在监狱里的原因。

齐桓公合诸侯，卫人后至。公朝而与管仲谋伐卫，退朝而入，卫姬望见君[①]，下堂再拜，请卫君之罪。公曰：“吾于卫无故[②]，子曷为请？”对曰：“妾望君之入也，足高气强，有伐国之志也。见妾而有动色，伐卫也。”明日君朝，揖管仲而进之。

管仲曰："君舍卫乎？"公曰："仲父安识之？"管仲曰："君之揖朝也恭，而言也徐，见臣而有惭色，臣是以知之。"君曰："善。仲父治外，夫人治内，寡人知终不为诸侯笑矣。"桓公之所以匿者不言也，今管子乃以容貌音声，夫人乃以行步气志。桓公虽不言，若暗夜而烛燎也。

【注释】

①卫姬：齐桓公夫人，娶于卫，故称"卫姬"。

②故：事。指战争之事。

【译文】

齐桓公盟会诸侯，卫国人来晚了。桓公上朝时与管仲谋划攻打卫国，退朝以后进入内室，卫姬望见君主，下堂拜了两拜，为卫国君主请罪。桓公说："我对卫国没有事，你为什么要请罪？"卫姬回答说："我望见您进来的时候，迈着大步，怒气冲冲，有攻打别国的意思。见到我就变了脸色，这表明是要攻打卫国啊。"第二天桓公上朝，向管仲作揖请他进来。管仲说："您不攻打卫国了吧？"桓公说："仲父您怎么知道的？"管仲说："您升朝时作揖很恭敬，说话慢，见到我面有愧色，我因此知道的。"桓公说："好。仲父治理宫外的事情，夫人治理宫内的事情，我知道自己终究不会被诸侯们耻笑了。"桓公用以掩盖自己意图的办法是不说话，现在管子却凭着容貌声音、夫人却凭着走路气质察觉到了。桓公虽然不说话，他的意图就像黑夜点燃烛火一样看得清楚明白。

晋襄公使人于周曰[①]："弊邑寡君寝疾[②]，卜以守龟[③]，曰：'三涂为祟[④]。'弊邑寡君使下臣愿藉途而祈福焉[⑤]。"天子许之，朝，礼使者事毕，客出。苌弘谓刘康公曰[⑥]："夫祈福于三涂，而受礼于天子，此柔嘉之事也[⑦]，而客武色，殆有他事，愿公备之也。"刘康公乃儆戎车卒士以待之[⑧]。晋果使祭事先，因令杨子将兵十二万而随之[⑨]，涉于棘津[⑩]，袭聊、阮、梁蛮氏[⑪]，灭三国焉。此形名不相当，圣人之所察也，苌弘则审矣。故言不足以断小事，唯知言之谓者可为。

【注释】

①晋襄公：晋文公之子，公元前627—前621年在位。

②弊邑：谦称自己的国家。弊，通"敝"。寡君：臣子对别国谦称自己的国君。寝疾：卧病。

③守龟：占卜用的龟甲。

④三涂：古山名，在今河南嵩县西南、伊河北岸。这里的"三涂"指三涂山山神。祟：神祸。

⑤藉途：借道。

⑥苌弘：周景王、敬王大臣刘文公所属大夫。刘康公：周定王之子（一说为周国王之子），食邑在"刘"，谥"康公"。刘在今河南偃师南。

⑦柔嘉：温和而美善。

⑧儆（jǐng）：使人警惕。戎车：兵车，战车。

⑨杨子：晋国的将帅。按《左传·昭公十七年》："晋

荀吴帅师涉自棘津。”与此不同。

⑩棘津：此处当指孟津，古黄河渡口，在今河南孟县南。

⑪聊、阮、梁：都是蛮族的小国名。

【译文】

晋襄公派人去周朝说：“我国君主卧病不起。用龟甲占卜，卜兆说：‘是三涂山山神降下灾祸。’我国君主派我来，希望借条路去向三涂山山神求福。”周天子答应了他，于是升朝，按礼节接待完使者，宾客出去了。苌弘对刘康公说：“向三涂山山神求福，在天子这里受礼遇，这是温和美善的事情，可是宾客却表现出勇武之色，恐怕有别的事情，希望您加以防备。”刘康公就让战车士卒作好戒备等待着。晋国果然先做祭祀的事，趁机派杨子率领十二万士兵跟随着，渡过棘津，袭击聊、阮、梁等蛮人居住的城邑，灭掉了这三国。这就是实际和名称不相符，这种情况是圣人所能明察的，苌弘对此就审察清楚了。所以单凭说的话不足以决断事情，只有懂得说的话的意思才可以决断事情。

审应览·离谓

所谓“离谓”，指的是言辞与思想相违背。本篇旨在论述“言意相离”的危害。文章指出，言辞是表达思想的，如果“言意相离”，必定凶险。流言泛滥，随意毁誉，贤与不肖不分，这正是乱国之俗。文章以邓析为例，说明“辨而不当理则伪，知而不当理则诈”，只有杀掉像邓析那样的诈伪之人，国家才能治理好。文章最后以齐人不死于其君长为例说明，在“言意相离”的情况下，只凭言辞不足以决断，听其言而舍其意是糊涂的。只有“以言观意”，“得其意则舍其言”，才是正确的做法。

言者以谕意也。言意相离，凶也。乱国之俗，甚多流言，而不顾其实，务以相毁，务以相誉，毁誉成党，众口熏天，贤不肖不分。以此治国，贤主犹惑之也，又况乎不肖者乎？惑者之患，不自以为惑，故惑惑之中有晓焉，冥冥之中有昭焉[①]。亡国之主，不自以为惑，故与桀、纣、幽、厉皆也[②]。然有亡者国[③]，无二道矣[④]。

【注释】

①冥冥：昏暗。

②皆：偕同，相同。

③者：通“诸”，之。

④无二道矣：没有另外的途径了。意思是，被灭亡的国家，都是由于“不自以为惑”。

【译文】

说的话是为了表达意思的。说的话和意思相违背，是凶险的。造成国家混乱的习俗是，流言很多，却不顾事实如何，一些人极力互相诋毁，一些人极力互相吹捧，诋毁的、吹捧的分别结成朋党，众口喧嚣，气势冲天，贤与不肖不能分辨。靠着这些来治理国家，贤明的君主尚且会感到疑惑，更何况不贤明的君主呢？疑惑之人的祸患是，自己不感到疑惑，所以得道之人能在疑惑之中悟出事物的道理，能在昏暗之中看到光明的境界。亡国的君主，自己不感到疑惑，所以就与夏桀、商纣、周幽王、周厉王一样了。这样看来，那些遭到灭亡的国家，都是沿着这条路走的了。

郑国多相县以书者[1]，子产令无县书[2]，邓析致之[3]。子产令无致书，邓析倚之[4]。令无穷，则邓析应之亦无穷矣。是可不可无辨也。可不可无辨，而以赏罚，其罚愈疾[5]，其乱愈疾。此为国之禁也。故辨而不当理则伪[6]，知而不当理则诈[7]。诈伪之民，先王之所诛也。理也者，是非之宗也[8]。

【注释】

①相县以书：指把法令悬挂出来以示人。县，悬挂。这个意义后来写作“悬”。书，当指《竹刑》而言。按，据《左传》，鲁昭公六年，子产曾铸刑书于鼎；鲁定公九年，“郑驷歂杀邓析而用其《竹刑》”。《竹刑》后出，较子产所铸刑书为优，故人多悬之。《左传》杜注：“邓析，郑大夫，欲改郑所铸旧刑，不受君命，而私造刑法，书之于竹简，故言《竹刑》。”

②子产：公孙侨，名侨，字子产，春秋时郑国执政大臣，实行过一系列政治改革。

③邓析：春秋末期郑国人，做过大夫，曾作《竹刑》，宣传法制。他“操两可之说，设无穷之辞”，是名家的代表人物。《汉书·艺文志》著录《邓析》二篇，已亡佚。今本《邓析子》系后人伪托。致：细密。这里有修饰之意。

④倚：偏颇，邪曲。这里用如动词。

⑤疾：猛烈。

⑥辨：通“辩”，善辩。

⑦知：聪明。这个意义后来写作“智”。

⑧宗：根本。

【译文】

郑国很多人把新法令悬挂起来，子产命令不要悬挂法令，邓析就对新法加以修饰。子产命令不要修饰新法，邓析就把新法弄得很偏颇。子产的命令无穷无尽，邓析对付的办法也就无穷无尽。这样一来，可以的与不可以的就无法辨别了。可以的与不可以的无法辨别，却用以施加赏罚，那么赏罚越厉害，混乱就会越厉害。这是治理国家的禁忌。所以，如果善辩但却不符合事理就会奸巧，如果聪明但却不符合事理就会狡诈。狡诈奸巧的人，是先王所惩处的人。事理，是判断是非的根本啊。

洧水甚大[①]，郑之富人有溺者，人得其死者[②]。富人请赎之，其人求金甚多。以告邓析，邓析曰：“安之。人必莫之卖矣[③]。”得死者患之，以告邓析，邓析又答之曰：“安之。此必无所更买矣。”夫伤忠臣者有似于此也。夫无功不得民，则以其无功不得民伤之；有功得民，则又以其有功得民伤之。人主之无度者[④]，无以知此，岂不悲哉？比干、苌弘以此死[⑤]，箕子、商容以此穷[⑥]，周公、召公以此疑[⑦]，范蠡、子胥以此流[⑧]，死生存亡安危，从此生矣。

【注释】

①洧（wěi）水：水名，即今双洎河，在河南境内。

②死：尸，尸体。

③莫之卖：无处去卖尸体。

④度：法度，准则。

⑤以此死：因君主不辨忠奸而死。

⑥箕子：纣之诸父，因劝谏纣而被囚禁。商容：商代贵族，相传被纣废黜。穷：困窘。

⑦周公：即周公旦。召（shào）公：指召公奭（shì）。周公旦和召公奭都是周初大臣。武王死后，他们辅佐成王，管叔、蔡叔散布流言，他们因此而被怀疑。

⑧范蠡、子胥以此流：范蠡辅佐越王勾践灭吴后，泛舟五湖，所以这里说“流”。伍子胥因劝谏吴王夫差拒越求和，被赐死，死后其尸被装在口袋内流于江，所以这里也说“流”。

【译文】

洧水很大，郑国有个富人淹死了，有个人得到了这人的尸体。富人家里请求赎买尸体，得到尸体的那个人要的钱很多。富人家里把这情况告诉了邓析，邓析说：“你安心等待。那个人一定无处去卖尸体了。”得到尸体的人对此很担忧，把这情况告诉了邓析，邓析又回答说：“你安心等待。这人一定无处再去买尸体了。”那些诋毁忠臣的人，与此很相似。忠臣没有功劳不能得到人民拥护，就拿他们没有功劳不能得到人民拥护诋毁他们；忠臣有功劳得到人民拥护，就又拿他们有功劳得到人民拥护诋毁他们。君主中没有原则的，就无法了解这种情祝；无法了解这种情况；难道不是很可悲吗？比干、苌弘就是因此而被杀死的，箕子、商容就是因此受到猜疑的，范蠡、伍子胥就是因此而泛舟五湖、流尸于江的。生死、存亡、安危，都由此产生出来了。

子产治郑，邓析务难之，与民之有狱者约[1]：大狱一衣，小狱襦袴[2]。民之献衣襦袴而学讼者，不可胜数。以非为是，以是为非，是非无度，而可与不可日变。所欲胜因胜，所欲罪因罪。郑国大乱，民口讙哗。子产患之，于是杀邓析而戮之[3]，民心乃服，是非乃定，法律乃行。今世之人，多欲治其国，而莫之诛邓析之类[4]，此所以欲治而愈乱也。

【注释】

①狱：狱讼。

②襦（rú）：短衣。袴（kù）：胫衣，类似后来的裤子。"袴"的这一意义后来为"裤"所代替。

③戮：陈尸示众。这里说子产杀邓析，与《左传》异。

④莫之诛：即莫诛之。之，代词。

【译文】

子产治理郑国，邓析极力刁难他，跟有狱讼的人约定：学习大的狱讼要送上一件上衣，学习小的狱讼要送上短衣下衣。献上上衣短衣下衣以便学习狱讼的人不可胜数。把错的当成对的，把对的当成错的，对的错的没有标准，可以的与不可以的每天都在改变。想让人诉讼胜了就能让人诉讼胜了，想让人获罪就能让人获罪。郑国大乱，人民吵吵嚷嚷。子产对此感到忧虑，于是就杀死了邓析并且陈尸示众，民心才顺服了，是非才确定了，法律才实行了。如今世上的人，大都想治理好自己的国家，可是却不杀掉邓析之类的人，这就是想把国家治理好而国家却更加混乱的原因啊。

齐有事人者，所事有难而弗死也。遇故人于涂，故人曰："固不死乎①？"对曰："然。凡事人，以为利也。死不利，故不死。"故人曰："子尚可以见人乎？"对曰："子以死为顾可以见人乎②？"是者数传③。不死于其君长，大不义也，其辞犹不可服。辞之不足以断事也明矣。夫辞者，意之表也。鉴其表而弃其意，悖④。故古之人，得其意则舍其言矣。听言者以言观意也，听言而意不可知，其与桥言无择⑤。

【注释】

①固：果真，诚然。

②顾：反，反而。

③是者数传：这样的话多次传述。是，此。传，传述。

④悖：惑，糊涂。

⑤桥：乖戾。择：区别。

【译文】

齐国有个侍奉人的人，所侍奉的人遇难他却不殉死。这个人在路上遇到熟人，熟人说："你果真不殉死吗？"这个人回答说:“是的。凡是侍奉人，都是为了谋利。殉死不利，所以不殉死。”熟人说:“你这样还可以见人吗？”这个人回答说:“你认为殉死以后倒可以见人吗？”这样的话他多次传达。不为自己的君主上司殉死，是非常不义的，可是这个人还振振有词。凭言辞不足以决断事情，是很清楚的了。言辞是思想的外在表现，欣赏外在表现却抛弃思想，这是糊涂的。所以古人懂得了人的思想就用不着听他的言语了。听别人讲话是要通过其言语观察其思想，听别人讲话却不了解他的思想，那样的言语就与乖戾之言没有区别了。

齐人有淳于髡者[①]，以从说魏王[②]。魏王辩之[③]，约车十乘[④]，将使之荆。辞而行，有以横说魏王[⑤]，魏王乃止其行。失从之意，又失横之事，夫其多能不若寡能，其有辩不若无辩。周鼎著倕而龁其指[⑥]，先王有以见大巧之不可为也[⑦]。

【注释】

①淳于髡（kūn）：战国时期齐国人，以博学著称，曾被齐威王任为大夫。

②从：同“纵”，即合纵（六国联合拒秦）。魏王：指魏惠王。

③辩之：以之为辩，认为他说得好。

④约车：套车。约，束。

⑤有：通“又”。横：即连横（六国分别事秦）。

⑥倕（chuí）：相传为尧时的巧匠。龁（hé）：咬。

⑦见（xiàn）：显示，显现。

【译文】

齐国人有个叫淳于髡的，他用合纵之术劝说魏王。魏王认为他说得好，就套好十辆车，要派他到楚国去。他告辞要走的时候，又用连横之术劝说魏王，魏王于是就不让他去了。既让合纵的主张落空，又让连横的事落空，那么他才能多就不如才能少，他有辩才就不如没有辩才。周鼎刻铸上倕的图像却让他咬断自己的手指，先王以此表明大巧是不可取的。

审应览·具备

本篇旨在论述建立功名必须具备条件。文章一开始以善射之人有良弓而无弦“则必不能中”为喻，引出了“立功名亦有具”的论点。然后，以古代圣贤在条件不具备时处于困境的事实为例，证明“凡立功名，虽贤，必有其具，然后可成”的道理。文中以大量篇幅叙述了宓子贱治亶父的事迹，说明宓子贱的成功在于：（一）创造条件，“先有其备”，（二）怀有至诚之心。由此，文章结尾指出，“故诚有诚乃合于情，精有精乃通于天”，“故凡说与治之务莫若诚”，强调了建立功名的根本条件在于自身。

今有羿、逄蒙、繁弱于此[①]，而无弦，则必不能中也。中非独弦也，而弦为弓中之具也[②]。夫立功名亦有具，不得其具，贤虽过汤、武，则劳而无功矣。汤尝约于郼、薄矣[③]，武王尝穷于毕、裎矣[④]，伊尹尝居于庖厨矣[⑤]，太公尝隐于钓鱼矣[⑥]。贤非衰也，智非愚也，皆无其具也。故凡立功名，虽贤，必有其具，然后可成。

【注释】

①羿：即后羿，传说中夏代东夷族的首领，以善射箭著称。逄（páng）蒙：也作“逄门”、“逢蒙”，传说中夏代善于射箭的人，曾学射于羿。繁弱：他书或作“蕃弱”，古代良弓名。

②弓：当为衍文。具：器具。这里指条件。

③约：穷困。郼（yī）：殷的封国名。薄：通“亳”，汤时的都城，故址在今河南商丘北。

④毕、裎：当作“毕、郢”。毕，即毕原，在今陕西咸阳北。郢，也作“程”，古邑名，周文王曾迁居于此。故址在今陕西咸阳东。

⑤居于庖厨：指曾为庖厨之臣。

⑥太公：指太公望。

【译文】

假如有羿、逄蒙这样的善射之人和繁弱这样的良弓，却没有弓弦，那么必定不能射中。射中不仅仅是靠了弓弦，可弓弦是射中的条件。建立功名也要有条件，不具备条件，即使贤德超过了汤、武王，那也会劳而无功。汤曾经在郼、亳受贫困，武王曾经在毕、郢受困窘，伊尹曾经在厨房里当仆隶，太公望曾经隐居钓鱼。他们的贤德并不是衰微了，他们的才智并不是愚蠢了，都是因为没有具备条件。所以凡是建立功名，即使贤德，也必定要具备条件，然后才可以成功。

宓子贱治亶父[①]，恐鲁君之听谗人，而令己不得行其术也，将辞而行，请近吏二人于鲁君与之俱。至于亶父，邑吏皆朝。宓子贱令吏二人书。吏方将书，宓子贱从旁时掣摇其肘，吏书之不善，则宓子贱为之怒。吏甚患之，辞而请归。宓子贱曰："子之书甚不善，子勉归矣[②]！"二吏归报于君，曰："宓子不可为书。"君曰："何故？"吏对曰："宓子使臣书，而时掣摇臣之肘，书恶而有甚怒[③]，吏皆笑宓子。此臣所以辞而去也。"鲁君太息而叹曰："宓子以此谏寡人之不肖也。寡人之乱子[④]，而令宓子不得行其术，必数有之矣[⑤]。微二人[⑥]，寡人几过。"遂发所爱而令之亶父，告宓子曰："自今以来，亶父非寡人之有也，子之有也。有便于亶父者，子决为之矣。五岁而言其要[⑦]。"宓子敬诺，乃得行其术于亶父。三年，巫马旗短褐衣弊裘而往观化于亶父[⑧]，见夜渔者，得则舍之。巫马旗问焉[⑨]，曰："渔为得也，今子得而舍之，何也？"对曰："宓子不欲人之取小鱼也。所舍者小鱼也。"巫马旗归，告孔子曰："宓子之德至矣，使民暗行若有严刑于旁。敢问宓子何以至于此？"孔子曰："丘尝与之言曰：'诚乎此者刑乎彼[10]。'宓子必行此术于亶父也。"夫宓子之得行此术也，鲁君后得之也。鲁君后得之者，宓子先有其备也。先有其备，岂遽必哉[11]？此鲁君之贤也。

【注释】

①宓（mì）子贱：孔子弟子宓不齐，字子贱。亶父（dǎnfǔ）：即单父（shànfǔ），春秋时鲁邑，在今山东单县。

②勉：尽力。这里是赶快的意思。

③有：通"又"。

④乱子：当作"乱宓子"，"宓"字误脱。

⑤数（shuò）：屡次，多次。

⑥微：假如没有。

⑦言其要：报告施政的主要情况。要，要点。

⑧巫马旗：通作"巫马期"，孔子的弟子。短褐：古代平民所穿的粗陋衣服。短，通"裋"（shù），僮仆所穿的衣服。褐，粗毛编织的衣服。衣（yì）：穿。弊裘：破旧的皮衣。弊，通"敝"。

⑨焉：之。

⑩诚乎此者刑乎彼：即诚于心而形于外之意。刑，通"形"。

⑪岂遽：义同"岂"，难道。

【译文】

宓子贱去治理亶父，担心鲁国君主听信谗人的坏话，从而使自己不能实行自己的主张，将要告辞走的时候，向鲁国君主请求他身边的两个官吏跟自己一起去。到了亶父，亶父的官吏都来朝见。宓子贱让那两个官吏书写。官吏刚要书写，宓子贱从旁边不时地摇动他们的胳膊肘，官吏写得很不好，宓子贱就为此而发怒。官吏对此厌恨，就告辞请求回去。宓子贱说："你们写得很不好，你们赶快回去吧！"两个官吏回去以后向鲁国君主禀报说："宓子这个人不可以给他书写。"鲁国君主说："为什么？"官吏回答说："宓子让我们书写，却不时地摇动我们的胳膊肘，写得不好又大发脾气，亶父的官吏都因宓子这样做而发笑。这就是我们所以要告辞离开的原因。"鲁国君主长叹道："宓子是用这种方式对我的缺点进行劝谏啊。我扰乱宓子，使宓子不能实行自己的主张，这样的事一定多次发生过了。假如没有这两个人，我几乎要犯错误。"于是就派所喜欢的人让他去亶父，告诉宓子说："从今以后，亶父不归我所有，归你所有。有对亶父有利的事情，你自己决断去做吧。五年以后报告施政的要点。"宓子恭敬地答应了，这才得以在亶父实行自己的主张。过了三年，巫马旗穿着粗劣的衣服和破旧的皮衣，到亶父去观察施行教化的情况，看到夜里捕鱼的人，得到鱼以后就扔回水里。巫马旗问他说："捕鱼是为了得到鱼，现在你得到鱼却把它扔回水里，这是为什么呢？"那人回答说："宓子不想让人们捕取小鱼。我扔回水里的都是小鱼。"巫马旗回去以后，告诉孔子说："宓子的德政达到极点了，他能让人们在黑夜中独自做事，就像有严刑在身旁一样不敢为非作歹。请问宓子是用什么办法达到这种境地的？”孔子说：“我曾经跟他说过：‘自己心诚的，就能在外实行。’宓子一定是在亶父实行这个主张了。”宓子得以实行这个主张，是因为鲁国君主后来领悟到这一点。鲁国君主之所以后来能领悟到这一点，是因为宓子事先有了准备。事先有了准备，难道就一定能让君主领悟到吗？这就是鲁国君主的贤明之处啊。

三月婴儿，轩冕在前[①]，弗知欲也；斧钺在后[②]，弗知恶也；慈母之爱，谕焉。诚也。故诚有诚乃合于情，精有精乃通于天。乃通于天，水木石之性，皆可动也，又况于有血气者乎？故凡说与治之务莫若诚。听言哀者，不若见其哭也；听言怒者，不若见其斗也。说与治不诚，其动人心不神。

【注释】

①轩冕：古代卿大夫的车服。轩，古代大夫以上的人乘坐的车子。冕，古代大夫以上的人穿的礼服。

②钺（yuè）：古代兵器，形似斧，比斧大。

【译文】

三个月的婴儿，轩冕在前不知道羡慕，斧钺在后边也不知道厌恶，对慈母的爱却能懂得。这是因为婴儿的心赤诚啊。所以诚而又诚才合乎真情，精而又精才与天性相通。与天性相通，水、木、石的本性都可以改变，更何况有血气的人呢？所以凡是劝说别人治理政事，要做的事没有比赤诚更重要的了。听别人说的话很悲哀，不如看到他哭泣；听别人说的话很愤怒，不如看到他搏斗。劝说别人与治理政事不赤诚，那就不能感化人心。

离俗览·贵信

本篇旨在论述君主必须诚信的道理。文章从正反两方面加以论述。首先，文章指出，“信之为功大矣”，只要君主做到“信而又信”，人民就会亲附，万物就会为己所用，膏雨甘露就会普降，寒暑四时就会得当，就能称王于天下。然后，文章由天地四时不信尚且失调推及人事，强调指出了丧失诚信的危害：“君臣不信，则百姓诽谤，社稷不宁。处官不信，则少不畏长，贵贱相轻。赏罚不信，则民易犯法，不可使令。交友不信，则离散郁怨，不能相亲。百工不信，则器械苦伪，丹漆染色不贞。”从反面论证了君主必须诚信的道理。文章后半部分叙述了管仲劝说齐桓公对仇敌信守盟誓，因而最终成就霸业的事例，再次强调了诚信的可贵。

凡人主必信，信而又信，谁人不亲？故《周书》曰[①]："允哉[②]！允哉！"以言非信则百事不满也[③]。故信之为功大矣。信立则虚言可以赏矣[④]。虚言可以赏，则六合之内皆为己府矣[⑤]。信之所及，尽制之矣。制之而不用，人之有也；制之而用之，己之有也。己有之，则天地之物毕为用矣[⑥]。人主有见此论者[⑦]，其王不久矣；人臣有知此论者，可以为王者佐矣。

【注释】

①周书：古逸书，记载周代训诰誓命之书。

②允：诚信，真诚。

③满：完，成。

④赏：鉴别。

⑤府：府库。这里是比喻说法。

⑥毕：尽，都。

⑦见：知道。

【译文】

凡是君主一定要诚信，诚信了再诚信，谁能不亲附呢？所以《周书》上说："诚信啊！诚信啊！"这是说如果不诚信，那么所有的事情都不能成功。因此诚信所产生的功效太大了。诚信树立了，那么虚假的话就可以鉴别了。虚假的话可以鉴别，那么整个天下就都成为自己的了。诚信所达到的地方，就都能够控制了。能够控制却不加以利用，仍然会为他人所有；能够控制而又加以利用，才会为自己所有。为自己所有，那么天地间的事物就全都为自己所用了。君主如有知道这个道理的，那他很快就能称王了；臣子如有知道这个道理的，就可以当帝王的辅佐了。

天行不信[①]，不能成岁；地行不信，草木不大。春之德风[②]，风不信，其华不盛[③]，华不盛，则果实不生。夏之德暑，暑不信，其土不肥，土不肥，则长遂不精[④]。秋之德雨，雨不信，其谷不坚[⑤]，谷不坚，则五种不成。冬之德寒，寒不信，其地不刚，地不刚，则冻闭不开[⑥]。天地之大，四时之化，而犹不能以不信成物，又况乎人事？

【注释】

①天行不信：天的运行不遵循规律，指节气失调等。

②德：事物的属性。这里有表征、象征的意思。

③华：古“花”字。

④遂：成。

⑤坚：坚实，指谷粒成熟，坚实饱满。

⑥冻闭不开：指地冻得不能裂开。按，本书《仲冬纪》有“冰益壮，地始坼”之语，“地始坼”即地冻得开始裂开缝隙。此处“冻闭不开”其意正与“地始坼”相反，乃是“寒不信”“地不刚”所致。

【译文】

天的运行不遵循规律，就不能形成岁时；地的运行不遵循规律，草木就不能长大。春天的特征是风，风不能按时到来，花就不能盛开，花不能盛开，那么果实就不能生长。夏天的特征是炎热，炎热不能按时到来，土地就不肥沃，土地不肥沃，那么植物生长成熟的情况就不好。秋天的特征是雨，雨不能按时降下，谷粒就不坚实饱满，谷粒不坚实饱满，那么五谷就不能成熟。冬天的特征是寒冷，寒冷不能按时到来，地冻得就不坚固，地冻得不坚固，那么就不能冻开裂缝。天地如此之大，四时如此变化，尚且不能以不遵循规律生成万物，更何况人事呢？

君臣不信，则百姓诽谤①，社稷不宁。处官不信②，则少不畏长，贵贱相轻。赏罚不信，则民易犯法，不可使令。交友不信，则离散郁怨，不能相亲。百工不信，则器械苦伪③，丹漆染色不贞④。夫可与为始⑤，可与为终，可与尊通，可与卑穷者，其唯信乎！信而又信，重袭于身⑥，乃通于天。以此治人，则膏雨甘露降矣⑦，寒暑四时当矣。

【注释】

①诽谤：批评议论，指责。

②处官：居官。

③苦（gǔ）：通“盬”，粗劣。伪：作假。

④丹漆：二者均为颜料。丹，红色。漆，黑色。贞：纯正。

⑤可与为始：即“可与之为始”，意思是，可以跟它一块开始。下文三句结构与此同。

⑥重袭：重叠。

⑦膏雨：肥沃大地的雨水。甘露：甜美的露水。

【译文】

君臣不诚信，那么百姓就会批评指责，国家就不得安宁。当官不诚信，那么年轻的就不敬畏年长的，地位尊贵的和地位低下的就会互相轻视。赏罚不诚信，那么百姓就会轻易地犯法，不可以役使。结交朋友不诚信，那么就会离散怨恨，不能互相亲近。各种工匠不诚信，那么制造器物就会粗劣作假，丹和漆等颜料就不纯正。可以跟它一块开始，可以跟它一块终止，可以跟它一块尊贵显达，可以跟它一块卑微穷困的，大概只有诚信吧！诚信了再诚信，诚信重叠于身，就能与天意相通。靠这个来治理人，那么滋润大地的雨水和甜美的露水就会降下来，寒暑四季就会得当了。

齐桓公伐鲁。鲁人不敢轻战，去鲁国五十里而封之[①]。鲁请比关内侯以听[②]，桓公许之。曹翙谓鲁庄公曰[③]："君宁死而又死乎[④]，其宁生而又生乎[⑤]？"庄公曰："何谓也？"曹翙曰："听臣之言，国必广大，身必安乐，是生而又生也；不听臣之言，国必灭亡，身必危辱，是死而又死也。"庄公曰："请从。"于是明日将盟，庄公与曹翙皆怀剑至于坛上[⑥]。庄公左搏桓公，右抽剑以自承[⑦]，曰："鲁国去境数百里。今去境五十里，亦无生矣。钧其死也[⑧]，戮于君前[⑨]。"管仲、鲍叔进，曹翙按剑当两陛之间曰[10]："且二君将改图[11]，毋或进者[12]！"庄公曰："封于汶则可[13]，不则请死。"管仲曰："以地卫君，非以君卫地。君其许之！"乃遂封于汶南，与之盟。归而欲勿予，管仲曰："不可。人特劫君而不盟，君不知，不可谓智[14]；临难而不能勿听，不可谓勇；许之而不予，不可谓信。不智不勇不信，有此三者，不可以立功名。予之，虽亡地，亦得信。以四百里之地见信于天下，君犹得也。"庄公，仇也[15]；曹翙，贼也[16]。信于仇贼，又况于非仇贼者乎？夫九合之而合[17]，壹匡之而听[18]，从此生矣。管仲可谓能因物矣。以辱为荣，以穷为通，虽失乎前，可谓后得之矣。物固不可全也[19]。

【注释】

①去：距离，离。国：都城。封：封土为界。

②鲁请比关内侯以听：意思是，鲁国请求像齐国封邑大臣一样服从齐国，意即做齐的附属国。比，比照。关，国家的关隘。侯，指国内有食邑的大官。

③曹翙（huì）：他书或作"曹刿"、"曹沫"。鲁庄公：春秋时鲁国君主，公元前693—前662年在位。

④死而又死：指身危国亡。

⑤生而又生：指身安国存。"宁……宁……"是表示选择的习惯句式。

⑥坛：指土坛，古代盟誓时要积土为坛。

⑦自承：指把剑冲着自己。庄公这样做是表示自己决

心同齐桓公拼命。按他书载此事皆言曹沫劫桓公，与此异。

⑧钧：通“均”，同。

⑨戮于君前：死在您面前。意思是和您同归于尽。

⑩陛：殿或坛的台阶。

⑪改图：另作商量。

⑫毋或进者：谁也不要上去。毋，不要。

⑬汶：水名，泰山一带水皆名汶，靠近齐国。

⑭“人特劫君”三句：这几句意为，别人只是想劫持您，并不想跟您订立盟约，可是您对此并不了解，这不能算作聪明。特，仅，只是。不盟，指不订立“去鲁国五十里”为界的盟约。

⑮庄公，仇也：意思是，庄公乃是桓公的仇敌。

⑯贼：与“仇”义近，指外敌。

⑰九合：指齐桓公多次盟会诸侯。按，齐桓公合诸侯不只九次，这里说九次只是言其次数之多。

⑱壹匡：指齐桓公“一匡天下”。壹，一切，全部。听：听从。

⑲物固不可全也：事情本来不可能十全十美的。

【译文】

齐桓公攻打鲁国。鲁国人不敢轻率作战，离鲁国都城五十里封土为界。鲁国请求像齐国的封邑大臣一样服从齐国，桓公答应了。曹翙对鲁庄公说：“您是愿意死而又死呢，还是愿意生而又生？”庄公说：“你说的是什么意思呢？”曹翙说：“您听从我的话，国土必定广大，您自身必定安乐，这就是生而又生；您不听从我的话，国家必定灭亡，您自身必定遭到危险耻辱，这就是死而又死。”庄公说:“我愿意听从你的话。”于是第二天将要盟会时，庄公与曹翙都怀揣着剑到了盟会的土坛上。庄公左手抓住桓公，右手抽出剑来指向自己，说:“鲁国都城本来离边境几百里。如今离边境只有五十里，反正也无法生存了。削减领土不能生存与跟你拼命同样是死，让我死在您面前。”管仲、鲍叔要上去，曹翙手按着剑站在两阶之间说:“两位君主将另作商量，谁都不许上去！”庄公说:“在汶水封土为界就可以，不然的话就请求一死。”管仲对桓公说:“是用领土保卫君主，不是用君主保卫领土。您还是答应了吧！”于是终于在汶水之南封土为界，跟鲁国订立了盟约。桓公回国以后想不还给鲁国土地，管仲说:“不可以。人家只是要劫持您，并不想跟您订立盟约，可是您却不知道，这不能说是聪明；面对危难却不能不受人家胁迫，这不能说是勇敢；答应了人家却不还给人家土地，这不能算作诚信。不聪明、不勇敢、不诚信，有这三种行为的，不可以建立功名。还给它土地，这样虽说失去了土地，也还能得到诚信的名声。用四百里土地就在天下人面前显示出诚信来，您还是合算的。”庄公是仇人，曹翙是敌人，对仇人敌人都讲诚信，更何况对不是仇人敌人的人呢？桓公多次盟会诸侯而能成功，使天下一切都得到匡正而天下能听从，就由此产生出来了。管仲可以说是能因势利导了。他把耻辱变成光荣，把困窘变成通达。虽说前边有所失，不过可以说后来有所得了。事情本来就不可能十全十美啊。

离俗览·举难

本篇旨在论述选拔、任用人不能求全责备的道理。文章以古代圣贤尚有受人诋毁之处为例，说明“以全举人固难”乃是“物之情”。通过文中所举的孔子受养于季氏、白圭论魏文侯置相、齐桓公任用宁戚等事例，可以看出，文章主张在选拔任用人上应该责人宽，责己严；对于一心建立功名的人，不能要求他们一举一动都符合原则；应该从众人中广泛地选取人才，贵在取其所长；不应该“以人之小恶，亡人之大美”。文章所反映的人无完人、严于律己宽以待人以及不以小恶掩大德的思想，至今仍有借鉴意义。

以全举人固难，物之情也。人伤尧以不慈之名[①]，舜以卑父之号[②]，禹以贪位之意[③]，汤、武以放弑之谋[④]，五伯以侵夺之事[⑤]。由此观之，物岂可全哉？故君子责人则以人[⑥]，自责则以义。责人以人则易足，易足则得人；自责以义则难为非，难为非则行饰[⑦]。故任天地而有余。不肖者则不然。责人则以义，自责则以人。责人以义则难瞻[⑧]，难瞻则失亲；自责以人则易为，易为则行苟。故天下之大而不容也，身取危，国取亡焉。此桀、纣、幽、厉之行也。尺之木必有节目[⑨]，寸之玉必有瑕瓋[⑩]。先王知物之不可全也，故择物而贵取一也[⑪]。

【注释】

①人伤尧以不慈之名：即“人以不慈之名伤尧”。尧传位与舜而不与子，所以有人以“不慈”之名诋毁他。伤，诋毁。

②舜以卑父之号：即“伤舜以卑父之号”，“伤”字承上文而省略。下三句与此同。按，《庄子·盗跖》谓“尧不慈，舜不孝”。又《韩非子·忠孝》谓“瞽叟为舜父而舜放之”。所以这里说有人以“卑父”之号诋毁舜。

③禹以贪位之意：舜推荐禹为继承人，舜死后，禹避舜之子于阳城，而天下百姓却跟从禹，禹这才继承了帝位。所以有人诋毁他“贪位”。位，指帝位。

④汤、武以放弑之谋：汤打败桀，桀出奔南方。武王

伐商，纣兵败自焚而死。所以有人诋毁他们放、弑其君。放，逐。弑，下杀上。

⑤五伯：即“五霸”。

⑥以人：指按一般人的标准。

⑦饰：通“饬”，灭，严整。

⑧难瞻：疑当作“难赡”，难以满足要求。赡，供之使足。

⑨节目：树木枝干交接之处为节，文理纠结不顺的部分为目。

⑩瑕瓋（tì）：玉上的斑点。

⑪取一：指取其长处。

【译文】

用十全十美的标准举荐人必然很难，这是事物的实情。有人用不爱儿子的名声诋毁尧，用不孝顺父亲的称号诋毁舜，用内心贪图帝位来诋毁禹，用谋划放逐、杀死君主来诋毁汤、武王，用侵吞掠夺别国来诋毁五霸。由此看来，事物怎么能十全十美呢？所以，君子要求别人按照一般的标准，要求自己按照义的标准。按照一般的标准要求别人就容易得到满足，容易得到满足就能受到人民拥护；按照义的标准要求自己就难以做错事，难以做错事行为就严正。所以他们承担天地间的重任还游刃有余。不贤德的人就不是这样了。他们要求别人按照义的标准，要求自己按照一般的标准。按照义的标准要求别人就难以满足，难以满足就连最亲近的人也会失去；按照一般的标准要求自己就容易做到，容易做到行为就苟且。所以天下如此之大他们却不能容身，自己招致危险，国家招致灭亡。这就是桀、纣、周幽王、周厉王的所作所为啊。一尺长的树木必定有节结，一寸大的玉石必定有瑕疵。先王知道事物不可能十全十美，所以对事物的选择只看重其长处。

季孙氏劫公家①，孔子欲谕术则见外②，于是受养而便说③。鲁国以訾④。孔子曰："龙食乎清而游乎清，螭食乎清而游乎浊⑤，鱼食乎浊而游乎浊。今丘上不及龙，下不若鱼，丘其螭邪！"夫欲立功者，岂得中绳哉⑥？救溺者濡⑦，追逃者趋。

【注释】

①季孙氏：春秋时鲁国最有权势的贵族，此当指季平子。《史记·孔子世家》："是岁，季武子卒，平子代立。孔子贫且贱，及长，尝为季氏史。"故下文言孔子"受养而便说"。劫公家：把持鲁国公室政权。

②谕术：即"谕以术"，以道理使之晓谕。见外：被疏远。

③便说：便于劝说。

④訾（zǐ）：毁谤非议。

⑤螭（chī）：古代传说中的一种动物，龙之属。

⑥中绳：指符合规则、原则。

⑦濡（rú）：沾湿。

【译文】

季孙氏把持公室政权，孔子想晓之以理，但这样就会被疏远，于是就去接受他的衣食，以便向他进言。鲁国人因此都责备孔子。孔子说：“龙在清澈的水里吃东西，在清澈的水里游动；螭在清澈的水里吃东西，在浑浊的水里游动；鱼在浑浊的水里吃东西，在浑浊的水里游动。现在我往上赶不上龙，往下不像鱼那样，我大概像螭一样吧！”那些想建立功业的人，哪能处处都合乎规则呢？援救溺水之人的人要沾湿衣服，追赶逃跑之人的人要奔跑。

魏文侯弟曰季成[①]，友曰翟璜[②]。文侯欲相之，而未能决，以问李克[③]，李克对曰：“君欲置相，则问乐腾与王孙苟端孰贤[④]。”文侯曰：“善。”以王孙苟端为不肖，翟璜进之；以乐腾为贤，季成进之。故相季成。凡听于主，言人不可不慎。季成，弟也，翟璜，友也，而犹不能知，何由知乐腾与王孙苟端哉？疏贱者知，亲习者不知，理无自然[⑤]。自然而断相[⑥]，过。李克之对文侯也亦过。虽皆过，譬之若金之与木，金虽柔，犹坚于木[⑦]。

【注释】

①季成：魏文侯弟。

②翟璜：又作“翟黄”。

③李克：战国初期人，子夏的学生，仕于魏。

④乐腾与王孙苟端：都是魏文侯之臣。

⑤理无自然：不会有这样的道理。无自，无从。然，这样。

⑥自然：上当脱“理无”二字。

⑦金虽柔，犹坚于木：这是比喻说法，喻李克之过较文侯之过为轻。

【译文】

魏文侯的弟弟名叫季成，朋友名叫翟璜。文侯想让他们当中的一个人当相，可是不能决断，就询问李克，李克回答说：“您想立相，那么看看乐腾与王孙苟端哪一个贤能。”文侯说：“好。”文侯认为王孙苟端不好，而他是翟璜举荐的；认为乐腾好，而他是季成举荐的。所以就让季成当了相。凡是言论被君主听从的人，谈论别人不可不慎重。季成是弟弟，翟璜是朋友，而文侯尚且不能了解，又怎么能够了解乐腾与王孙苟端呢？对疏远低贱的人却了解，对亲近熟悉的人却不了解，没有这样的道理。没有这样的道理却要以此决断相位，这就错了。李克回答文侯的话也错了。他们虽然都错了，但是就如同金和木一样，金虽然软，但还是比木硬。

孟尝君问于白圭曰：“魏文侯名过桓公，而功不及五伯，何也？”白圭对曰：“文侯师子夏，友田子方，敬段干木，此名之所以过桓公也。卜相曰‘成与璜孰可’[①]，此功之所以不及五伯也。相也者，百官之长也。择者欲其博也。今择而不去二人，与用其雠亦远矣[②]。且师友也者[③]，公可也；戚爱也者[④]，私安也[⑤]。以私胜公，衰国之政也。然而名号显荣者，三士羽翼之也[⑥]。”

【注释】

①卜：选择。孰：哪一个。

②用其雠（chóu）：指齐桓公任用管仲为相。管仲初辅佐公子纠，曾箭射公子小白。公子小白即位后（即齐桓公），任用管仲为相。所以这里说“用其雠”。雠，仇敌，仇人。

③师友：指任用师友为相。师友指上文提到的子夏、田子方。

④戚爱：指任用弟弟与所宠爱之人为相。戚，近亲，此指弟弟，即上文的季成。爱，所宠爱之人，此指上文的翟璜。

⑤私安：私利。

⑥羽翼：用如动词，辅佐的意思。

【译文】

孟尝君向白圭问道：“魏文侯名声越过了齐桓公，可是功业却赶不上五霸，这是为什么呢？”白圭回答说：“文侯以子夏为师，以田子方为友，敬重段干木，这就是他的名声越过桓公的原因。选择相的时候说‘季成与翟璜哪一个可以’，这就是他的功业赶不上五霸的原因。相是百官之长。选择时要从众人中挑选。现在选择相却离不开那两个人，这跟桓公任用自己的仇人管仲为相相差太远了。况且以师友为相，是为了公利；以亲属宠爱的人为相，是为了私利。把私利放在公利之上，这是衰微国家的政治。然而他的名声却显赫荣耀，这是因为有三位贤士辅佐他。”

宁戚欲干齐桓公[①]，穷困无以自进，于是为商旅将任车以至齐[②]，暮宿于郭门之外[③]。桓公郊迎客，夜开门，辟任车[④]，爝火甚盛[⑤]，从者甚众。宁戚饭牛居车下[⑥]，望桓公而悲，击牛角疾歌。桓公闻之，抚其仆之手曰："异哉！之歌者非常人也！"命后车载之[⑦]。桓公反，至，从者以请。桓公赐之衣冠，将见之。宁戚见，说桓公以治境内。明日复见，说桓公以为天下。桓公大说，将任之。群臣争之曰[⑧]："客，卫人也。卫之去齐不远，君不若使人问之。而固贤者也，用之未晚也。"桓公曰："不然。问之，患其有小恶。以人之小恶，亡人之大美，此人主之所以失天下之士也已。"凡听必有以矣，今听而不复问，合其所以也。且人固难全，权而用其长者，当举也。桓公得之矣。

【注释】

①宁戚：即宁速。干：谋求官职。

②任车：装载货物的车子。任，装载。

③郭：外城。

④辟：躲避。这个意义后来写作"避"。这里是使躲避的意思。

⑤爝（jué）火：小火把。

⑥饭牛：喂牛。

⑦后车：副车，侍从之车。

⑧争：劝谏。这个意义后来写作"诤"。

【译文】

宁戚想向齐桓公谋求官职，但处境穷困，没有办法使自己得到举荐，于是就给商人赶着装载货物的车子到了齐国，傍晚住在城门外。桓公到郊外迎客，夜里打开城门，让装载货物的车子躲开，火把很明亮，跟随的人很多。宁戚在车下喂牛，望见桓公，心里很悲伤，就敲着牛角大声唱起歌来。桓公听到歌声，抚摸着自己车夫的手说："真是与众不同啊！这个唱歌的不是一般人！"就命令副车载着他。桓公回去，到了朝廷里，跟随的人请示桓公如何安置宁戚。桓公赐给他衣服帽子，准备召见他。宁戚见到桓公，用如何治理国家的话劝说桓公。第二天又谒见桓公，用如何治理天下的话劝说桓公。桓公非常高兴，准备任用他。臣子们劝谏说："这个客人是卫国人。卫国离齐国不远，您不如去询问一下。如果确实是贤德的人，再任用他也不晚。"桓公说："不是这样。去询问，担心他有小毛病。因为人家的小毛病，丢掉人家的大优点，这是君主失掉天下杰出人才的原因。"凡是听取别人的主张一定是有根据的了，现在听从了他的主张而不再去追究他的为人如何，这是因为其主张符合听者心目中的标准。况且人本来就难以十全十美，衡量以后用其所长，这是举荐人才的恰当做法。桓公算是掌握住这个原则了。

恃君览·骄恣

本篇劝说君主要防止骄傲恣肆。文章开始就指出了君主骄恣的三种危害：傲视贤士，独断专行，无所积蓄，其结果必然是听闻闭塞，地位危殆，招致祸患。文章认为，要想防止上述灾祸，必须礼贤下士，必须获得民众，必须积蓄完备，这三方面是君道的核心。文章列举了周厉王、魏武侯、齐宣王、赵简子的事例，说明必须重视、采纳贤士的意见，对待谗人必须予以严厉惩罚，这样就可以避免骄恣的危害了。

亡国之主，必自骄，必自智，必轻物。自骄则简士[①]，自智则专独，轻物则无备。无备召祸，专独位危，简士壅塞[②]。欲无壅塞，必礼士；欲位无危，必得众；欲无召祸，必完备。三者，人君之大经也[③]。

【注释】

①简：怠慢。

②壅塞：指听闻闭塞。

③经：道，常道。

【译文】

亡国的君主，必然骄傲自满，必然自以为聪明，必然轻视外物。骄傲自满就会傲视贤士，自以为聪明就会独断专行，看轻外物就会没有准备。没有准备就会招致祸患，独断专行君位就会危险，傲视贤士听闻就会闭塞。要想不闭塞，必须礼贤下士；要想君位不危险，必须得到众人辅佐；要想不招致祸患，必须准备齐全。这三条，是君主治理国家的最大原则。

晋厉公侈淫[①]，好听谗人，欲尽去其大臣而立其左右。胥童谓厉公曰[②]："必先杀三郄[③]。族大多怨，去大族不逼[④]。"公曰："诺。"乃使长鱼矫杀郄犨、郄锜、郄至于朝[⑤]，而陈其尸[⑥]。于是厉公游于匠丽氏[⑦]，栾书、中行偃劫而幽之[⑧]。诸侯莫之救，百姓莫之哀。三月而杀之。人主之患，患在知能害人，而不知害人之不当而反自及也[9]。是何也？智短也。智短则不知化，不知化者举自危[10]。

【注释】

①晋厉公：春秋时期晋国君主，公元前580—前573年在位。

②胥童：他书或作“胥之昧”，晋大夫，厉公用为卿，后被栾书、中行偃杀死。

③三郤（xì）：即下文所说的郤犨、郤锜、郤至。郤氏是晋国的大族。

④不逼：指不逼迫公室，即不威胁公室。

⑤长鱼矫：晋厉公嬖臣。

⑥陈其尸：陈列其尸示众。

⑦匠丽氏：《史记·晋世家》作“匠骊氏”，裴骃《集解》引贾逵曰：“匠骊氏，晋外嬖大夫在翼者。”（翼，晋旧都，在今山西翼城东南。）

⑧栾书：即栾武子，晋大夫。中行偃：即荀偃，字伯游。幽：囚禁。

⑨自及：自己赶上祸害。

⑩举：动，行动。

【译文】

晋厉公奢侈放纵，喜欢听信谗人之言，他想把他的大臣们都除掉，提拔他身边的人为官。胥童对厉公说：“一定要先杀掉三个姓郤的。他们家族大，对公室有很多怨恨，除掉大家族，就不会威逼公室了。”厉公说：“好吧。”于是就派长鱼矫在朝廷上杀死了郤犨、郤锜、郤至，陈列他们的尸体示众。接着厉公到匠丽氏那里游乐，栾书、中行偃劫持并囚禁了他。诸侯们没有人援救他，百姓们没有人哀怜他。过了三个月，就把他杀死了。君主的弊病，在于只知道自己能危害别人，却不知道如果所害的人是不该害的反而会让自己遭殃。这是为什么呢？这是因为智谋短浅啊。智谋短浅就不知道事物的变化，不知道事物变化的人一举一动都会危害自己。

魏武侯谋事而当，攘臂疾言于庭曰[①]："大夫之虑，莫如寡人矣！"立有间[②]，再三言。李悝趋进曰[③]："昔者楚庄王谋事而当，有大功，退朝而有忧色。左右曰：'王有大功，退朝而有忧色，敢问其说？'王曰：'仲虺有言[④]，不穀说之[⑤]。曰："诸侯之德，能自为取师者王，能自取友者存，其所择而莫如己者亡。"今以不穀之不肖也，群臣之谋又莫吾及也，我其亡乎！'"曰[⑥]："此霸王之所忧也，而君独伐之[⑦]，其可乎！"武侯曰："善。"人主之患也，不在于自少，而在于自多。自多则辞受[⑧]，辞受则原竭[⑨]。李悝可谓能谏其君矣，壹称而令武侯益知君人之道。

【注释】

①攘臂：捋袖伸臂，振奋的样子。疾言：大声说话。

②有间（jiàn）：片刻，一会儿。

③李悝（kuī）：战国时期法家代表人物，曾为魏文侯相。

④仲虺（huī）；相传为汤的左相，奚仲的后代。

⑤不穀：不善，诸侯的谦称。说：喜欢。这个意义后来写作“悦”。

⑥“曰”下的话仍是李悝所说。前面是转述别人的话，下面是直接对武侯所说的话，故这里用一“曰”字作转。

⑦伐：自夸，夸耀。

⑧辞受：对该接受的意见加以推辞。辞，推辞。

⑨原竭：源泉枯竭。这里指进言之路堵塞。原，水源。

【译文】

魏武侯谋划事情总是很得当，有一次他在朝廷中捋袖伸臂大声说：“大夫们的谋虑，没有人赶得上我了！”只站了一会儿，这句话就说了好几遍。李悝快步走上前说：“从前楚庄王谋划事情很得当，成就了很大功业，退朝以后却面有忧色。身边的人说：‘大王您成就了很大的功业，退朝以后却面有忧色，请问这是什么原因？’庄王说：‘仲虺有话，我很喜欢。他说：“诸侯的品德，能为自己选取老师的，就会称王天下；能为自己选取朋友的，就会保存自身；所选取的人不如自己的，就会遭到灭亡。”如今凭着我这样不贤德，臣子们的谋划，又都赶不上我，我大概要灭亡了吧！’”李悝接着又说道：“这就是成就霸王立业的人所忧虑的，可是您却偏偏自夸，那怎么可以呢！”武侯说：“你说得好。”君主的弊病，不在于自己看轻自己，而在于自己看重自己。自己看重自己，那么该接受的意见就会加以拒绝。该接受的意见加以拒绝，那么进谏之路就堵塞了。李悝可以说是善于劝谏自己的君主了，他一劝谏，就让武侯更加懂得了当君主的原则。

齐宣王为大室[①]，大益百亩，堂上三百户[②]。以齐之大，具之三年而未能成[③]。群臣莫敢谏王。春居问于宣王曰[④]："荆王释先王之礼乐[⑤]，而乐为轻[⑥]，敢问荆国为有主乎[⑦]？"王曰："为无主。""贤臣以千数而莫敢谏，敢问荆国为有臣乎[⑧]？"王曰："为无臣。""今王为大室，其大益百亩，堂上三百户。以齐国之大，具之三年而弗能成。群臣莫敢谏，敢问王为有臣乎？"王曰："为无臣。"春居曰："臣请辟矣[⑨]！"趋而出。王曰："春子！春子！反[⑩]！何谏寡人之晚也？寡人请今止之。"遽召掌书曰[⑪]："书之！寡人不肖，而好为大室。春子止寡人。"箴谏不可不熟。莫敢谏若[⑫]，非弗欲也。春居之所以欲之与人同，其所以入之与人异[⑬]。宣王微春居，几为天下笑矣。由是论之，失国之主，多如宣王，然患在乎无春居。故忠臣之谏者，亦从入之，不可不慎。此得失之本也。

【注释】

①齐宣王：战国时期齐国君主，公元前319—前301年在位。

②户：门。

③具：备办，修建。

④春居：齐宣王臣。

⑤释：放弃，抛弃。

⑥为轻：为之轻，因此而轻浮。

⑦主：指贤主。

⑧臣：指真正的贤臣，敢于直言劝谏之臣。

⑨辟：躲避，离开。这个意义后来写作“避”。

⑩反：返回。这个意义后来写作“返”。

⑪遽：立刻。掌书：主管书写记事的人。

⑫若：当为“者”字之误。

⑬所以入之：指用来劝阻的方法。

【译文】

齐宣王修建大宫室，规模之大超过了一百亩，堂上设置三百座门。凭着齐国这样的大国，修建了三年还没能修建成。臣子们没有人敢劝阻齐王。春居向宣王说：“楚王抛弃了先王的礼乐，音乐因此变得轻浮了，请问楚国算是有贤明君主吗？”宣王说：“没有贤明君主。”春居说：“所谓的贤臣数以千计，却没有人敢劝谏，请问楚国算有贤臣吗？”宣王说：“没有贤臣。”春居说：“如今您修建大宫室，宫室之大超过了一百亩，堂上设置三百座门。凭着齐国这样的大国，修建了三年仍不能够修建成。臣子们没有人敢劝阻，请问您算是有贤臣吗？”宣王说：“没有贤臣。”春居说：“我请您允许我离开吧！”说完就快步走出去。宣王说：“春子！春子！回来！为什么这么晚才劝阻我呢？我现在停止修建宫室。”赶紧召来记事的官员说：“写上！我不贤德，喜欢修建大宫室。春子阻止了我。”对于劝谏，不可不认真考虑。不敢劝谏的人，并不是不想劝谏。春居想要做的跟别人相同，而他采用的劝谏的方法跟别人不一样。宣王如果没有春居，几乎要被天下人耻笑了。由此说来，亡国的君主，大都像宣王一样，然而他们的祸患在于没有春居那样的臣子。所以那些敢于劝谏的忠臣，也应顺势加以劝谏，这是不可不慎重对待的。这是成败的根本啊。

赵简子沉鸾徼于河[①]，曰：“吾尝好声色矣，而鸾徼致之；吾尝好宫室台榭矣，而鸾徼为之；吾尝好良马善御矣，而鸾徼来之[②]。今吾好士六年矣，而鸾徼未尝进一人也。是长吾过而绌善也[③]。”故若简子者，能厚以礼督责于其臣矣。以礼督责于其臣，则人主可与为善，而不可与为非；可与为直，而不可与为枉。此三代之盛教。

【注释】

①鸾徼：他书或作“栾激”，赵简子臣。

②来（lài）之：使之来。

③绌（chù）善：当作“绌吾善”。绌，减损。

【译文】

赵简子把鸾徼沉没到黄河里，说：“我曾经爱好音乐女色，鸾徼就给我弄来；我曾经爱好宫室台榭，鸾徼就给我修建；我曾经爱好良马好驭手，鸾徼就给我找来。如今我爱好贤士六年了，可鸾徼不曾举荐过一个人。这是助长我的过错、磨灭我的长处啊。”所以像赵简子这样的人，是能严格地依照原则审察责求自己的臣子的。对自己的臣子依照原则审察责求，那么就可以跟他一起为善，而不可以跟他一起为非；可以跟他一起做正直的事，而不可以跟他一起做邪曲的事。这是夏商周三代的美好教化。

恃君览·观表

本篇告诫君主应该善于通过观察人和事物的征兆表象看到其实质。文章以相马为例，指出不同的人和事物有不同的表象，对其征兆表象应加以深入细致的观察。文章认为，圣人之所以先知先觉，就在于他们善于透过表象洞察实质。作者的这种观点是符合唯物主义认识论的。

凡论人心，观事传[1]，不可不熟，不可不深。天为高矣，而日月星辰云气雨露未尝休也[2]；地为大矣，而水泉草木毛羽裸鳞未尝息也[3]。凡居于天地之间、六合之内者[4]，其务为相安利也，夫为相害危者，不可胜数。人事皆然。事随心，心随欲。欲无度者，其心无度。心无度者，则其所为不可知矣。人之心隐匿难见，渊深难测。故圣人于事志焉[5]。圣人之所以过人以先知，先知必审征表[6]。无征表而欲先知，尧、舜与众人同等。征虽易，表虽难，圣人则不可以飘矣[7]。众人则无道至焉。无道至则以为神，以为幸。非神非幸，其数不得不然。郈成子、吴起近之矣[8]。

【注释】

①事传：事迹，事情。

②休：止。

③毛：指虎狼之类有毛皮的动物。羽：指飞禽。裸：指麋鹿牛羊之类裸蹄动物。鳞：指龙鱼之类。以上两句意思是说，天地之间的事物都有可以察见的征兆。

④六合：天、地、四方谓之“六合”。

⑤志焉：观其志。志，用如动词。

⑥征：这里指与内心相一致的征兆。表：这里指与内心不同的虚假的表象。

⑦飘：迅疾。

⑧郈成子：鲁国大夫。

【译文】

凡是衡量人心，观察事物，不可不精审，不可不深入。天算是很高了，而日月星辰云气雨露却不曾休止过；地算是很大了，而水泉草木飞禽走兽却不曾灭绝过。凡是处于天地之间四方之内的，本来都应该尽力做到互安互利，可是它们之间互相危害的，却数不胜数。人和事情也都是如此。事情取决于人心，人心取决于欲望。欲望没有限度的，人心也没有限度。人心没有限度的，那么他的所作所为就不可以被了解了。人的心思隐藏着，难以窥见，就像深渊难以测量一样。所以圣人考察事情必先观察行事之人的志向。圣人之所以超过一般人，是因为能先知先觉，要先知先觉必须审察征兆和表象。没有征兆表象却想先知先觉，就是尧、舜也和一般人一样不可能做到。虽然真象易于观察，假象难于考查，圣人不论对哪种情况都不可以匆忙下结论。一般人不能审察征兆和表象，所以就无法达到先知先觉了。无法达到先知先觉，就认为先知者是靠神力，是靠侥幸。其实先知并不是靠神力，并不是靠侥幸，而是圣人根据征兆表象看到事理不得不如此。郈成子、吴起就接近于先知先觉了。

郈成子为鲁聘于晋[①]，过卫，右宰谷臣止而觞之[②]。陈乐而不乐[③]，酒酣而送之以璧。顾反[④]，过而弗辞。其仆曰："向者右宰谷臣之觞吾子也甚欢[⑤]，今侯渫过而弗辞[⑥]？"郈成子曰："夫止而觞我，与我欢也。陈乐而不乐，告我忧也。酒酣而送我以璧，寄之我也。若由是观之，卫其有乱乎！”倍卫三十里⑦，闻宁喜之难作⑧，右宰谷臣死之，还车而临⑨，三举而归⑩。至，使人迎其妻子，隔宅而异之⑪，分禄而食之⑫。其子长而反其璧⑬。孔子闻之，曰：“夫智可以微谋、仁可以托财者，其郈成子之谓乎！”郈成子之观右宰谷臣也，深矣妙矣。不观其事而观其志，可谓能观人矣。

【注释】

①聘：出使，国与国之间派使臣通问修好。

②右宰谷臣：卫大夫。《左传·襄公十三年》作“右宰谷”。右宰本是官名，此以官为姓。

③前“乐”（yuè），指乐器。后“乐”（lè），是快乐的意思。

④顾反：返回。

⑤向：先前。

⑥侯：何。渫（xiè）过：重过。

⑦倍：通“背”，相背，离开。

⑧宁喜：即宁悼子，卫大夫宁惠子之子。卫献公被逐，他杀死卫侯剽而纳献公。这里的“宁喜之难”即指杀卫侯剽而言。按，据《左传·襄公二十七年》载，宁喜与右宰谷臣皆为公孙免余所攻杀，与高注异。

⑨临（lìn）：哭悼死者。

⑩三举：举哀三次，即哭了三次。

⑪异之：使之异，让他们与自己分开住。异，分开。

这里用如使动。

⑫食（sì）：用如使动，让……吃。

⑬反：归还。这个意义后来写作“返”。

【译文】

郈成子为鲁国聘问晋国，路过卫国，卫国的右宰谷臣留下并宴请他。右宰谷臣陈列上乐器奏乐，乐曲却不欢快；喝酒喝到正畅快之际，把璧玉送给了郈成子。郈成子从晋国回来，经过卫国，却不向右宰谷臣告别。他的车夫说：“先前右宰谷臣宴请您，感情很欢洽，如今为什么重新经过这里却不向他告别？”郈成子说：“他留下我并宴请我，是要跟我欢乐一番。可陈列上乐器奏乐，乐曲却不欢快，这是向我表示他的忧愁啊。喝酒喝得正畅快之际，他把璧玉送给了我，这是把璧玉托付给我啊。如果从这些迹象来看，卫国大概有祸乱吧！”郈成子离开卫国三十里，听到宁喜作乱杀死卫君，右宰谷臣为卫君殉难，就掉转车子回去哭悼右宰谷臣，哭了三次然后才回国。到了鲁国，派人去接右宰谷臣的妻子孩子，把住宅隔开让他们与自己分开居住，分出自己的俸禄来养活他们。右宰谷臣的孩子长大了，郈成子把璧玉还给了他。孔子听到这件事，说：“论智慧可以通过隐微的方式跟他进行谋划，论仁德可以托付给他财物的，大概就是郈成子吧！”郈成子观察右宰谷臣，真是深入精妙了。不观察他做的事情，而观察他的思想，可以说是能观察人了。

吴起治西河之外①，王错谮之于魏武侯②，武侯使人召之。吴起至于岸门[3]，止车而休，望西河，泣数行而下。其仆谓之曰："窃观公之志，视舍天下若舍屣[4]。今去西河而泣，何也？"吴起雪泣而应之曰[5]："子弗识也[6]。君诚知我，而使我毕能[7]，秦必可亡，而西河可以王[8]。今君听谗人之议，而不知我，西河之为秦也不久矣，魏国从此削矣。"吴起果去魏入荆，而西河毕入秦。魏日以削，秦日益大。此吴起之所以先见而泣也。

【注释】

①西河：魏郡名，吴起曾为西河守，辖今陕西东部黄河西岸地区。

②谮（zèn）：诬陷。按，《史记·孙子吴起列传》载，谮吴起者为公叔及其仆，与此异。

③岸门：地名，在今山西河津南。

④屣（xǐ）：鞋子。这里喻贱物。

⑤雪：擦拭。

⑥识：知。

⑦毕：尽，用完。

⑧西河可以王：指魏可以凭借西河成就王业。

【译文】

吴起治理西河郡，王错向魏武侯诬陷他，武侯派人召他回来。吴起到了岸门，停下车子休息，望着西河，眼泪一行行流了下来。他的车夫对他说："我私下观察您的志向，您把抛弃天下看得像抛弃鞋子一样。如今离开西河却哭泣，这是为什么呢？”吴起擦掉眼泪回答他说：“你不知道啊。国君如果真的了解我，让我把自己的才能都发挥出来，一定可以灭掉秦国，凭着西河就可以成就王业。现在国君听信谗人之言，不了解我，西河不久就会成为秦国的了，魏国从此就要削弱了。”结果吴起离开魏国到了楚国，西河全部归入秦国。魏国一天天削弱，秦国一天比一天强大。这就是吴起事先预见到这种情况因而哭泣的原因啊。

古之善相马者，寒风是相口齿[①]，麻朝相颊，子女厉相目，卫忌相髭，许鄙相尻[②]，投伐褐相胸胁，管青相膹肳[③]，陈悲相股脚[④]，秦牙相前，赞君相后。凡此十人者，皆天下之良工也。其所以相者不同，见马之一征也，而知节之高卑[⑤]，足之滑易[⑥]，材之坚脆，能之长短。非独相马然也，人亦有征，事与国皆有征。圣人上知千岁，下知千岁，非意之也[⑦]，盖有自云也[⑧]。绿图幡薄[⑨]，从此生矣。

【注释】

①寒风是：即“韩风氏”，与下文的“麻朝”、“子女厉”、“卫忌”、“许鄙”、“投伐褐”、“管青”、“陈悲”、“秦牙”、“赞君”都是古代善相马者。

②尻（kāo）：臀部。

③膹：当为“唇”字之误。肳：同“吻”。

④股：大腿。脚：小腿。

⑤节：指骨节。

⑥滑易：义未详。据文意，疑指快慢。

⑦意：猜想，测度。

⑧有自：有原因。

⑨绿图幡薄：说法不一，难以详考。按，绿图，似指“河图”。据古代传说，江河所出图篆皆为绿色，故别称“绿图”（《墨子·非攻下》有“河出绿图”语）。幡薄，当即簿册。“幡”与“薄”义同，“薄”通“簿”。河山绿图幡簿，古人以为帝王圣者受命之瑞。

【译文】

古代善于相马的人，寒风是观察品评马的口齿，麻朝观察品评马的面颊，子女厉观察品评马的眼睛，卫忌观察品评马的须髭，许鄙观察品评马的臀部，投伐褐观察品评马的胸肋，管青观察品评马的嘴唇，陈悲观察品评马腿，秦牙观察品评马的前部，赞君观察品评马的后部。所有这十个人，都是天下的良工巧匠。他们用来相马的方法不同，但他们看到马的一处征象，就能知道马骨节的高低，腿脚的快慢，体质的强弱，才能的高下。不仅相马是这样，人也有征兆，事情和国家都有征兆。圣人往上知道千年以前的事，往下知道千年以后的事，并不是靠猜想，而是有根据的。绿图幡簿这些吉祥征兆，就从此产生了。

论

慎行论·疑似

本篇强调对相似之物要认真辨察。文章指出，相似之物往往使人迷惑，不注意辨察就会造成严重后果。周幽王无寇击鼓而“失真寇”，黎丘丈人惑于奇鬼而“杀其真子”，都说明了辨察疑似之迹的重要。关于辨察疑似之迹的方法，作者提出“察之必于其人”，即向了解情况的人请教。文章明确指出，即使是尧、舜、禹这样的圣贤，进入水泽也要问于牧童、渔师。作者这种重视劳动人民的直接经验的思想，在当时是很可贵的。

使人大迷惑者，必物之相似也。玉人之所患，患石之似玉者；相剑者之所患，患剑之似吴干者[1]；贤主之所患，患人之博闻辩言而似通者[2]。亡国之主似智，亡国之臣似忠。相似之物，此愚者之所大惑，而圣人之所加虑也，故墨子见歧道而哭之[3]。

【注释】

①吴干：宝剑名，传为春秋时吴人干将所铸，故称“吴干”，又名“干将”。

②辩言：能说会道。通：指通达事理。

③见歧道而哭之：因为歧路使人捉摸不定，所以为之哭泣。《淮南子·说林训》说哭歧路的是杨朱。

【译文】

让人深感迷惑的，一定是相似的事物。玉工所忧虑的，是像玉一样的石头；相剑的人所忧虑的，是像吴干一样的剑；贤明的君主所忧虑的，是见闻广博、能言善辩像是通达事理的人。亡国的君主好像很聪明，亡国的臣子好像很忠诚。相似的事物，是愚昧的人深感迷惑、圣人也要用心思索的，所以墨子才看见歧路为之哭泣。

周宅酆、镐[1]，近戎人。与诸侯约：为高葆祷于王路[2]，置鼓其上，远近相闻。即戎寇至[3]，传鼓相告，诸侯之兵皆至，救天子。戎寇当至[4]，幽王击鼓，诸侯之兵皆至，褒姒大说[5]，喜之。幽王欲褒姒之笑也，因数击鼓，诸侯之兵数至而无寇。至于后戎寇真至，幽王击鼓，诸侯兵不至，幽王之身乃死于丽山之下[⑥]，为天下笑。此夫以无寇失真寇者也。贤者有小恶以致大恶，褒姒之败，乃令幽王好小说以致大灭。故形骸相离，三公九卿出走。此褒姒之所用死[⑦]，而平王所以东徙也[⑧]，秦襄、晋文之所以劳王劳而赐地也[⑨]。

【注释】

①宅：居。酆（fēng）：周文王时周的国都，在今陕西户县东。字又作“丰”。镐（hào）：周武王的国都，又名镐京、宗周，在今陕西西安西南，沣水东岸。

②葆：通“堡”，小城。祷：当为衍文。王路：大路。

③即：如果。

④当：通“尝”。

⑤褒姒（bāosì）；周幽王宠妃，本为褒国女子，姒姓，周幽王伐褒时所得。

⑥丽（lí）山：在陕西临潼东南，又作“骊山”。

⑦所用：所以。

⑧平王：周平王，名宜臼，幽王子，公元前770—前720年在位。幽王死，平王为避戎人，迁都于洛邑（今洛阳），是为东周。

⑨秦襄：秦襄公，公元前777—前766年在位。晋文：晋文侯，名仇，公元前780—前746年在位。劳王劳：下一“劳”字当为衍文。劳王，即勤王的意思，为天子辛劳尽力。秦襄公、晋文侯都曾护卫平王东

迁，有功于周王朝。

【译文】

周建都于酆、镐，靠近戎人。和诸侯约定：在大路上修筑高大的土堡，上面设置大鼓，使远近都能听到鼓声。如果戎兵入侵，就由近及远击鼓传告，诸侯的军队就都来援救天子。戎兵曾经入侵，周幽王击鼓，诸侯军队都如约而至，褒姒看了非常高兴，很喜欢幽王这种做法。幽王希望看到褒姒的笑靥，于是屡屡击鼓，诸侯的军队多次到来，却没有敌兵。到后来戎兵真的来了，幽王击鼓，但诸侯的军队不再到来，幽王于是被杀死在骊山之下，为天下人耻笑。这是因为没有敌寇乱击鼓而误了真的敌寇啊！贤明的人有小的过失尚且会招致大的灾祸，又何况不肖的人呢？褒姒败坏国事，是让幽王喜好无足轻重的欢乐而导致杀身亡国。所以幽王身首分离，三公九卿出逃。这也是褒姒所以身死、平王所以东迁的原因，是秦襄公、晋文侯所以起兵勤王、被赐以土地的原因。

梁北有黎丘部[①]，有奇鬼焉，喜效人之子侄昆弟之状[②]。邑丈人有之市而醉归者[③]，黎丘之鬼效其子之状，扶而道苦之[④]。丈人归，酒醒，而诮其子曰[⑤]："吾为汝父也，岂谓不慈哉[⑥]？我醉，汝道苦我，何故？"其子泣而触地曰[⑦]："孽矣[⑧]！无此事也。昔也往责于东邑[⑨]，人可问也。"其父信之，曰："嘻！是必夫奇鬼也！我固尝闻之矣。"明日端复饮于市[⑩]，欲遇而刺杀之。明旦之市而醉，其真子恐其父之不能反也，遂逝迎之[11]。丈人望其真子，拔剑而刺之。丈人智惑于似其子者，而杀于真子。夫惑于似士者而失于真士，此黎丘丈人之智也。

【注释】

①梁：周时诸侯国，后为秦所灭。部：《后汉书·张衡传》李贤注引作“乡”。

②喜：当作“善”。子侄：当作“子姓”，子孙。昆弟：兄弟。

③丈人：对老者的尊称。

④苦之：折磨他。

⑤诮（qiào）：责备。

⑥谓：为，称作。

⑦触地：指叩头。

⑧孽：妖孽，怪异。

⑨责：讨债。此义后来写作“债”。

⑩端：故意。

⑪逝：往。

【译文】

梁国北部有个黎丘乡，那里有个奇鬼，善于模仿人的子孙兄弟的样子。乡中有个老者到市上去，喝醉了酒往家走，黎丘奇鬼模仿他儿子的样子，搀扶他回家，在路上苦苦折磨他。老者回到家里，酒醒以后责问他的儿子说：“我作为你的父亲，难道能说不慈爱吗？我喝醉了，你在路上苦苦折磨我，这是为什么？”他的儿子哭着以头碰地说：

"您遇到鬼怪了！没有这回事呀！昨天我去东乡讨债，这是可以问别人的。"父亲相信了儿子的话，说："噢，这一定是那个奇鬼作怪了！我本来就听人说起过它。"第二天老者特意又到市上饮酒，希望再次遇见奇鬼，把它杀死。天刚亮就到市上去，又喝醉了，他的儿子怕父亲回不了家，就去接他。老者望见儿子，拔剑就刺。老者的思想被像他儿子的奇鬼所迷惑，而杀死了自己的真儿子。那些被像是贤士的人所迷惑的人，错过了真正的贤士，这种思想正像黎丘老者一样啊！

疑似之迹，不可不察，察之必于其人也[①]。舜为御[②]，尧为左[③]，禹为右[④]，入于泽而问牧童，入于水而问渔师[⑤]，奚故也？其知之审也。夫孪子之相似者，其母常识之，知之审也。

【注释】

①其人：适当的人。指熟悉了解这方面情况的人。

②御：御者，驾车的人。

③左：古时乘车，尊者居左。这里指居于车的左边的尊者。

④右：车右，职责是保卫尊者。

⑤渔师：有经验的渔夫。

【译文】

对于令人疑惑的相似的现象，不能不审察清楚。审察这种现象，一定要找适当的人。即使舜做车夫，尧做主人，禹做车右，进入草泽也要问牧童，到了水边也要问渔夫，什么缘故呢？因为他们对情况了解得清楚。孪生子长得很相像，但他们的母亲总是能够辨认，这是因为母亲对他们了解得清楚。

慎行论·察传

本篇指出对传言必须加以辨察，以定其是非。作者认为这是关系到国家生死存亡的大事。文章意在向君主建白治国方策，而又善于以日常生活中的习见现象为例加以论证，所以读来非常亲切、生动，有很强的说服力。这些充分显示了作者的论说技巧。

关于察传的方法，作者只是提出“缘物之情及人之情以为所闻”，即根据情理加以判断。这与我们今天深入实际调查研究的方法自然不可同日而语，反映了作者认识上的局限性。

夫得言不可以不察。数传而白为黑，黑为白。故狗似玃[①]，玃似母猴[②]，母猴似人，人之与狗则远矣。此愚者之所以大过也。

【注释】

①玃（jué）：兽名，似猕猴而形体较大。

②母猴：兽名，又称猕猴、沐猴。

【译文】

听到传闻不可不审察清楚。多次辗转相传，白的就成了黑的，黑的就成了白的。狗像玃，玃像母猴，母猴像人，但是人和狗就差远了。这是愚蠢的人造成大误的原因。

闻而审[①]，则为福矣；闻而不审，不若无闻矣。齐桓公闻管子于鲍叔，楚庄闻孙叔敖于沈尹筮，审之也，故国霸诸侯也。吴王闻越王勾践于太宰嚭[②]，智伯闻赵襄子于张武[③]，不审也，故国亡身死也。

【注释】

①而：如果。审：审察。

②太宰嚭（pǐ）：伯嚭，春秋楚人，为吴王夫差太宰，所以称为“太宰嚭”。夫差败越之后，伯嚭接受越人贿赂，极力劝说夫差允许越国求和，使吴国终为越王勾践所灭。

③智伯：名瑶，春秋晋哀公卿。赵襄子：名无恤，晋卿。张武：智伯的家臣。张武劝智伯纠合韩康子、

魏桓子把赵襄子围困在晋阳，后韩、赵、魏三家暗中联合，反灭了智伯。

【译文】

听到传闻如果加以审察，就会带来好处；听到传闻如果不加审察，就不如没有听到。齐桓公从鲍叔那里听到关于管仲的情况，楚庄王从沈尹筮那里听到关于孙叔敖的情况，听到以后加以审察，所以称霸诸侯。吴王夫差从太宰嚭那里听到关于越王勾践的议论，智伯从张武那里听到关于赵襄子的议论，听到以后不加审察，所以国破身亡。

凡闻言必熟论[①]，其于人必验之以理。鲁哀公问于孔子曰："乐正夔一足[②]，信乎？"孔子曰："昔者舜欲以乐传教于天下[③]，乃令重黎举夔于草莽之中而进之[④]，舜以为乐正。夔于是正六律，和五声，以通八风[⑤]，而天下大服。重黎又欲益求人，舜曰：'夫乐，天地之精也，得失之节也[⑥]，故唯圣人为能和，乐之本也[⑦]。夔能和之，以平天下[⑧]，若夔者一而足矣。'故曰'夔一足'，非'一足'也。"宋之丁氏，家无井而出溉汲[⑨]，常一人居外。及其家穿井，告人曰："吾穿井得一人。"有闻而传之者曰："丁氏穿井得一人。"国人道之，闻之于宋君。宋君令人问之于丁氏，丁氏对曰："得一人之使，非得一人于井中也。"求能之若此[⑩]，不若无闻也。子夏之晋，过卫，有读史记者曰[⑪]："晋师三家涉河[⑫]。"子夏曰："非也，是己亥也[⑬]。夫'己'与'三'相近[⑭]，

‘豕’与‘亥’相似[15]。”至于晋而问之，则曰“晋师己亥涉河”也。

【注释】

①熟论：深入研究、考察。

②乐正：乐官之长。夔（kuí）：人名，善音律，舜时为乐正。

③传教：传布教化。古人认为音乐与推行教化关系极大，把音乐看作移风易俗的工具。

④重（chóng）黎：相传尧时掌管时令，后为舜臣。草莽：草野，指民间。

⑤通：调和。八风：八方之风。

⑥节：关键。

⑦乐之本也：这句话当作“和，乐之本也”，脱一“和”字。

⑧平：安定。

⑨溉：灌注。汲：打水。这里“溉”“汲”连用，就是打水的意思。

⑩能：疑为“闻”字之误。

⑪史记：记载历史的书。

⑫豕：猪。涉河：渡黄河。

⑬己亥：干支纪日。

⑭“己”与“三”相近：“己”古文作“已”，与“三”形近。

⑮“豕”与“亥”相似：“豕”古文作“豸”，“亥”古

文作"孤"，二者形体相似。

【译文】

凡是听到传闻一定要深入考察，关于人的传闻一定要用事理加以验证。鲁哀公问孔子说："听说舜的乐正夔只有一只脚，是真的吗？"孔子说："从前舜想利用音乐把教化传布到天下，于是让重黎把夔从民间选拔出来，进荐给君主，舜任用他为乐正。于是夔正定六律，和谐五声，以调和八风，因而天下完全归服。重黎还想多找些像夔这样的人，舜说：'音乐是天地之气的精华，政治得失的关键，所以只有圣人才能使音乐和谐，而和谐是音乐的根本。夔能使音乐和谐，以此安定天下。像夔这样的人，有一个就足够了。'所以说'夔一足'，并不是说'夔只有一只脚'啊！"宋国的丁氏，家里没有井，要外出打水，经常有一个专人在外。等到他家挖了井，就告诉别人说："我挖井得到一个人。"有人听到了，传言说："丁氏挖井挖得一个人。"国人谈论这件事，让宋国国君听到了。宋君派人去问丁氏，丁氏说："我是说得到一个人使唤，并不是从井里挖到一个人。"对传闻如果这样不得法地寻根究底，就不如没有听到。子夏到晋国去，路过卫国，听到有人读史书，说："晋国军队三豕渡过黄河。"子夏说："这是不对的。'三豕'应是'己亥'。'己'和'三'形体相近，'豕'和'亥'写法类似。"到了晋国一问，果然回答说"晋国军队己亥这天渡过了黄河"。

辞多类非而是，多类是而非。是非之经[①]，不可不分。此圣人之所慎也。然则何以慎？缘物之情及人之情以为所闻[②]，则得之矣。

【注释】

①经：界限。

②缘：顺着。为：动词，这里指审察。

【译文】

言辞有很多似乎错误其实是正确的，也有很多似乎正确其实是错误的。正确和错误的界限，不能不分清。这是连圣人都要慎重对待的。那么怎样慎重对待呢？就是要顺着自然和人事的情理来考察听到的传闻，这样就可以得到真实的情况了。

贵直论·知化

本篇以吴王夫差国灭身亡的历史教训为例，说明君主贵在知化。所谓知化，就是要预见到事物发展变化的必然趋势，而及早采取有针对性的措施。文章强调:“危困之道，身死国亡，在于不先知化也。”糊涂的君主，“患未至，则不可告也；患既至，虽知之无及矣”。

吴王夫差所以不能“知化”，除了好大喜功、贪图眼前利益之外，主要是因为师心自用、顽固拒谏，作者所着意告诫君主的可能正是这一点。

夫以勇事人者，以死也。未死而言死，不论[1]；以虽知之[2]，与勿知同[3]。凡智之贵也，贵知化也[4]。人主之惑者则不然。化未至则不知；化已至，虽知之，与勿知一贯也[5]。

【注释】

①论：察，知。

②以：通“已”，指已死之后。

③与勿知同：人死以后，尽管别人了解了他，但再也不能用其勇，所以说“与勿知同”。

④化：变化。指事物发展变化的必然趋势。

⑤一贯：一样。

【译文】

以勇力侍奉别人的人，也就是以死侍奉别人。勇士没有死的时候谈论以死侍奉别人，人们不会了解；等到勇士真的死了以后，人们虽然已经了解了他，但为时已晚，和不了解是一样的。大凡智慧的可贵，就贵在能事先察知事物的变化上。君主中的糊涂人却不是这样；变化没有到来时懵然无知；变化出现后，虽然知道了却又为时已晚，和不知道是一样的。

事有可以过者[1]，有不可以过者。而身死国亡[2]，则胡可以过？此贤主之所重，惑主之所轻也。所轻，国恶得不危？身恶得不困？危困之道，身死国亡，在于不先知化也。吴王夫差是也。子胥非不先知化也，谏而不听，故吴为丘墟，祸及阖庐[3]。

【注释】

①过：错，失误。

②身死国亡：指关系到身死国亡的大事。

③阖庐：春秋吴国君，夫差之父。夫差国破身死，阖庐不得享受祭祀，所以说“祸及阖庐”。

【译文】

事情有些是可以失误的，有些是不可以失误的。对于会导致身死国亡的大事，怎么能够失误呢？这是贤明的君主所重视的，糊涂的君主所轻忽的。轻忽这一点，国家怎么能不危险，自身怎么能不困厄？行于危险困厄之道，遭致身死国亡，在于不能事先察知事物的发展变化。吴王夫差就是这样。伍子胥并不是事先没有察知事物的变化，但他劝谏夫差而夫差不听，所以吴国成为废墟，殃及先君阖庐。

吴王夫差将伐齐，子胥曰：“不可。夫齐之与吴也，习俗不同，言语不通，我得其地不能处，得其民不得使。夫吴之与越也，接土邻境，壤交通属[1]，习俗同，言语通，我得其地能处之，得其民能使之。越于我亦然。夫吴越之势不两立。越之于吴也，譬若心腹之疾也，虽无作，其伤深而在内也。夫齐之于吴也，疥癣之病也，不苦其已也[2]，且其无伤也。今释越而伐齐，譬之犹惧虎而刺猏[3]，虽胜之，其后患未央[4]。”太宰嚭曰：“不可。君王之令所以不行于上国者[5]，齐、晋也。君王若伐齐而胜之，徙其兵以临晋，晋必听命矣。是君王一举而服两国也，君王之令必行于上国。”夫差以为然，不听子胥之言，而用太宰嚭之谋。子胥曰：“天将亡吴矣，则使君王战而胜；天将不亡吴矣，则使君王战而不胜。”夫差不听。子胥两袪高蹶而出于廷[6]，曰：“嗟乎！吴朝必生荆棘矣！”夫差兴师伐齐，战于艾陵[7]，大败齐师，反而诛子胥。子胥将死，曰：“吾安得一目以视越人之入吴也？”乃自杀。夫差乃取其身而流之江[8]，抉其目[9]，著之东门[10]，曰：“女胡视越人之入我也？”居数年，越报吴，残其国，绝其世[11]，灭其社稷，夷其宗庙[12]，夫差身为禽。夫差将死，曰：“死者如有知也，吾何面以见子胥于地下？”乃为幎以冒面死[13]。夫患未至，则不可告也；患既至，虽知之无及矣。故夫差之知惭于子胥也，不若勿知。

【注释】

①通：当为“道”字之误。属（zhǔ）：连。

②已：治愈。

③惧虎：担心虎患。豣（jiān）：同“豜”，三岁的猪。

④央：尽。

⑤上国：指中原地区各国，因地势高于吴越等南方国家，所以称“上国”。

⑥袪（qū）：举。这里指提起衣服。高蹶：高蹈，把脚抬得高高地走路。“两袪高蹶”是形容很生气的样子。

⑦艾陵：春秋齐地，在今山东东。

⑧身：指尸体。

⑨抉（jué）：挖。

⑩著（zhuó）：附着。这里是挂的意思。

⑪世：世系，世代相承的系统。

⑫夷：平。

⑬幎（mì）：这里指幎目，覆盖死者面部的巾。《仪礼·士丧礼》：“幎目用缁（zī，黑布），方尺二寸。”冒：覆盖。

【译文】

吴王夫差要伐齐国，伍子胥说：“不行。齐国和吴国习俗不同，言语不同，即使我们得到齐国的土地也不能居住，得到齐国的百姓也不能役使。而吴国和越国疆土毗邻，田地交错，道路相连，习俗一样，言语相通。我们得到越国的土地能够居住，得到越国的百姓能够役使。越国对于我国也是如此。吴越两国从情势上看不能并存。越国对于吴国如同心腹之症，即使一时没有发作，但它造成的伤害严重而且处于体内。而齐国对于吴国只是癣疥之疾，不愁治不好，再说治不好也没什么妨害。现在舍弃越国去进攻齐国，这就像担心虎患却去猎杀野猪一样，虽然可能获胜，但后患无穷。”太宰嚭说：“伍子胥的话不可听信。君王您的命令所以不能推行到中原各国，就是由于齐、晋的缘故。君王如果进攻齐国并战胜它，然后移兵，以大军压晋国国境，晋国一定会俯首听命。这是君王一举降服两个国家啊！这样，君王的命令一定可以在中原各国推行。”夫差认为太宰嚭说得对，不听从伍子胥的意见，而采用了太宰嚭的计谋。伍子胥说：“上天如果想要灭亡吴国的话，就会让君王打胜仗；上天如果不想灭亡吴国的话，就会让君王打不了胜仗。”夫差不听。伍子胥提起衣服，迈着大步从朝廷中走了出去，说：“唉！吴国的朝廷一定要生荆棘了！”夫差兴兵伐齐，和齐军在艾陵交战，把齐军打得大败，回来以后就杀伍子胥。伍子胥临死的时候说：“我怎么才能留下一只眼睛看着越军入吴呢？”说完就自杀了。夫差把他的尸体投到江中冲走，把他的眼睛挖出来挂在国都的东门，说：“你怎么能看到越军侵入我的吴国？”过了几年，越人报复吴国，攻破了吴国的国都，灭绝了吴国的世系，毁灭了吴国的社稷，夷平了吴国的宗庙，夫差本人也被活捉。夫差临死时说：“死人如果有知的话，我在地下有什么脸面见子胥呢？”于是用巾盖上脸自杀了。糊涂的君主，祸患还没有到来时无法使他明白；祸患到来以后，他们虽然明白过来也来不及了。所以夫差死到临头才知道愧对伍子胥，这种知道就还不如不知道。

贵直论·壅塞

本篇重点阐述了君主不听直言就会造成耳目心志的闭塞不通，甚至导致亡国。文章第一句“亡国之主不可以直言”，就点明了这个问题的严重性。

文章列举了四位“壅塞”的君主，他们所以不能听取直言的原因各不相同。戎王沉湎于享乐，宋王拒不正视现实，齐王狂妄自大，宣王好人恭维。这种情形正像《有始览·去尤》所说：“所以尤者多故，其要必因人所喜与因人所恶。”文章最后慨叹：“非直士其孰能不阿主？世之直士，其寡不胜众，数也。”既含寓着对君主的规劝，也反映了封建社会直道难行的现实。

亡国之主不可以直言。不可以直言，则过无道闻，而善无自至矣[①]。无自至则壅[②]。

【注释】

①善：指善人、贤者。自：从，由。

②壅：阻塞。指思想闭塞不通。

【译文】

亡国的君主，不可直言相谏。君主不可直言相谏，过失就无法听到，贤人就无从到来。贤人无从到来，君主的思想就会壅塞不通。

秦缪公时，戎强大。秦缪公遗之女乐二八与良宰焉[①]。戎王大喜，以其故数饮食，日夜不休。左右有言秦寇之至者，因扜弓而射之[②]。秦寇果至，戎王醉而卧于樽下[③]，卒生缚而擒之。未擒则不可知[④]，已擒则又不知[⑤]。虽善说者，犹若此何哉[⑥]？

【注释】

①女乐（yuè）：女子歌舞队。二八：古代歌舞，八人为一行，叫一佾（yì），“二八”即二佾，二列。宰：宰夫，厨师。

②扜（yū）：把弓拉满。

③樽（zūn）：盛酒的容器。

④不可知：不能使他知道将被擒捉。

⑤已擒则又不知：因为喝醉了酒睡觉，所以不知自己

被擒。

⑥此：指戎王这种人。

【译文】

秦穆公时，戎人势力强大。秦穆公就送给他们两队女子歌舞队和一些高明的厨师。戎王十分高兴。因为这个缘故，不管白天黑夜，不停地大吃大喝。身边有谁说秦军将会到来，戎王就开弓射他。后来秦军果然到了，这时戎王正喝得大醉躺在酒樽下面睡觉，结果被秦军活活地捆起来捉住了。戎王被捉以前，不可能使他知道将会被捉；就是被捉以后，自己还睡在梦中，仍然不知道已经被捉。对于这种人，即使是善于劝谏的人又有什么办法呢？

齐攻宋①，宋王使人候齐寇之所至②。使者还，曰："齐寇近矣，国人恐矣。"左右皆谓宋王曰："此所谓'肉自生虫'者也③。以宋之强，齐兵之弱，恶能如此？"宋王因怒而诎杀之④。又使人往视齐寇，使者报如前，宋王又怒诎杀之。如此者三，其后又使人往视。齐寇近矣，国人恐矣。使者遇其兄，曰⑤："国危甚矣，若将安适？"其弟曰："为王视齐寇。不意其近而国人恐如此也。今又私患，乡之先视齐寇者⑥，皆以寇之近也报而死；今也报其情⑦，死，不报其情，又恐死。将若何？"其兄曰："如报其情，有且先夫死者死⑧，先夫亡者亡。"于是报于王曰："殊不知齐寇之所在⑨，国人甚安。"王大喜。左右皆曰："乡之死者宜矣。"王多赐之金。

寇至，王自投车上[10]，驰而走，此人得以富于他国。夫登山而视牛若羊，视羊若豚[11]。牛之性不若羊[12]，羊之性不若豚，所自视之势过也[13]。而因怒于牛羊之小也，此狂夫之大者。狂而以行赏罚，此戴氏之所以绝也[14]。

【注释】

①齐攻宋：此为战国时齐湣王灭宋之役。据《史记·六国年表》，事在齐湣王三十六年（公元前286年）。

②宋王：指宋康王。候：伺探，侦察。

③肉自生虫：比喻无事自扰。

④诎（qū）：屈。

⑤曰：主语是“其兄”。

⑥乡（xiàng）：从前，先前。这个意义后来写作“向”。

⑦情：实情。

⑧有（yòu）：通“又”。且：将。先夫死者死：与下文的“先夫亡者亡”，意思是比别人先遭受灾难。夫，那。死者、亡者，指国破后被杀和逃亡的人。

⑨殊：极，非常。

⑩投：奔向。

⑪豚（tún）：小猪。

⑫性：实情，实质。

⑬所自视之势：所从视的地势。自，从，由。

⑭戴氏：指宋国。宋本为子姓国，后政权为其国内贵族戴氏所篡夺，所以称宋国为戴氏。

【译文】

齐国进攻宋国，宋王派人去侦察齐军到了什么地方。派去的人回来说："齐寇已经临近了，国人已经恐慌了。"左右近臣都对宋王说："这完全是俗话说的'肉自己生出蛆虫'啊！凭着宋国的强大，齐兵的虚弱，怎么可能这样？"于是宋王大怒，把派去的人屈杀了。接着又派人去察看，派去的人的回报仍像前一个人一样，宋王又大怒，把他屈杀了。这样的事接连发生了三次，之后又派人去察看。其实，那时齐军确实已经临近了，国人确实已经恐慌了。派去的人路上遇见了他的哥哥，他的哥哥说："国家已经十分危险了，你还要到哪儿去？"弟弟说："去替君王察看齐寇。没想到齐寇已经离得这么近，国人已经这么恐慌。现在我担心的是，先前察看齐军动静的人，都是因为回报齐军迫近被屈杀了；如今我回报真情是死，不回报真情恐怕也是一死。这该怎么办呢？"他的哥哥说："如果回报真情，你又将比国破后被杀和逃亡的人先遭受灾难。"于是派去的人回报宋王说："根本没看到齐寇在哪里，国人也非常安定。"宋王十分高兴。左右近臣都说："可见先前被杀的人是该杀的了！"宋王就赏赐给这个人大量钱财。齐军一到，宋王自己奔到车上，赶着车飞跑，急急忙忙逃命去了，这个人得以徙居他国，生活非常富足。登上高山往下看，就会觉得牛像羊一样，羊像小猪一样。牛实际上不像羊那样小，羊实际上不像小猪那样小，之所以觉得它们像羊或小猪一样，是因为观察它们时站的地势不对。如果因此对牛羊这样小而发怒，这种人可算是头等的狂夫。在狂乱状态下施行赏罚，这是宋国所以灭绝的原因。

齐王欲以淳于髡傅太子[①]，髡辞曰："臣不肖，不足以当此大任也，王不若择国之长者而使之。"齐王曰："子无辞也。寡人岂责子之令太子必如寡人也哉[②]？寡人固生而有之也[③]。子为寡人令太子如尧乎？其如舜也[④]？"凡说之行也[⑤]，道不智听智[⑥]，从自非受是也[⑦]。今自以贤过于尧、舜，彼且胡可以开说哉[⑧]？说必不入，不闻存君。

【注释】

①淳于髡（kūn）：战国齐人，姓淳于，名髡，博学善辩，滑稽多智，齐威王、宣王时游于稷下，被待以大夫之礼。

②责：要求。

③生而有之：表示自己的才能不是后天努力所能赶上的。

④其：表示选择，还是。

⑤说：指臣下的议论和主张。行：实行。

⑥道：由，从。

⑦自非：自以为非。是：指正确的意见。

⑧开：陈说。

【译文】

齐王想用淳于髡为太子的老师，淳于髡推辞说："我才德低下，不足以担当这样的重任，您不如挑选国中德高望重的人予以委派。”齐王说：“你不要推辞了。我哪能要求你让太子一定像我一样呢？我的贤德本来是天生就具备的。你替我把太子教得像尧那样，或者像舜那样就行了。”凡是臣下的主张得以实行，都是因为君主能够从自以为愚的认识出发去听从别人高明的见解，能够从自以为非的认识出发去接受别人正确的意见。现在齐王自以为贤明超过了尧、舜，这还怎么让人对他陈说劝谏呢？对臣下的劝谏如果一点也听不进去，没听说过这样的君主还能享有国家的。

齐宣王好射，说人之谓己能用强弓也。其尝所用不过三石①，以示左右，左右皆试引之，中关而止②。皆曰：“此不下九石，非王其孰能用是？”宣王之情，所用不过三石，而终身自以为用九石，岂不悲哉！非直士其孰能不阿主？世之直士，其寡不胜众，数也③。故乱国之主，患存乎用三石为九石也。

【注释】

①石：古代重量单位，一百二十斤为一石。

②中：半。关（wān）：把弓拉满。

③数：定数，常理。

【译文】

齐宣王爱好射箭，喜欢别人说自己能用硬弓。他平时所使用的弓力量不过三石，拿给左右侍从看，侍从们试着拉这张弓，都只拉到一半就停了下来，说：“这张弓的弓力不低于九石，除了您，谁还能用这样的弓！”宣王的实际情况是所用的弓不超过三石，但一辈子都自认为用的弓是九石，这岂不可悲吗！除了正直之士，还有谁能不奉迎君主？世上的正直之士寡不敌众，这是情势注定的。所以给国家造成祸乱的君主，他们的弊病就在于用的弓实有三石而自以为用九石啊！

不苟论·自知

本篇规劝君主要听取直言，做到自知。自知就是自己了解自己的过失。文章认为，人要做到自知很难，君主尤其如此。而自知又是存亡安危的关键，“存亡安危，勿求于外，务在自知”。文章以掩耳椎钟的比喻，批评了君主恶闻其过的自欺欺人的行为。同时指出，“人主欲自知，则必直士”，认为直士就如规矩准绳那样，可以矫正君主的过失。最后，通过翟黄“上顺乎主心以显贤者”的做法，说明向君主进谏时宜讲求方法。

欲知平直，则必准绳；欲知方圆，则必规矩；人主欲自知，则必直士。故天子立辅弼[①]，设师保[②]，所以举过也。夫人故不能自知[③]，人主犹其[④]。存亡安危，勿求于外，务在自知。尧有欲谏之鼓[⑤]，舜有诽谤之木[⑥]，汤有司过之士[⑦]，武王有戒慎之鞀[⑧]，犹恐不能自知。今贤非尧舜汤武也，而有掩蔽之道，奚繇自知哉！荆成、齐庄不自知而杀[⑨]，吴王、智伯不自知而亡[⑩]，宋、中山不自知而灭[⑪]，晋惠公、赵括不自知而虏[⑫]，钻荼、庞涓、太子申不自知而死[⑬]，败莫大于不自知。

【注释】

①辅弼：辅政大臣，古代有天子“左辅右弼”之说。弼，辅佐。

②师保：负责教养、辅导帝王的官，有师有保，统称师保。

③故：本来。

④犹其：当作“独甚”。

⑤欲谏之鼓：供想进谏的人敲击的鼓。

⑥诽谤之木：供书写批评意见所立的木柱。诽谤，批评指责。

⑦司过之士：当作“司直之士”，主管匡正错误的吏官。司，主管。直，匡正。

⑧戒慎之鞀（táo）：供想告诫君主使之谨慎的人摇的鼓。鞀，长柄的摇鼓。

⑨荆成、齐庄不自知而杀：楚成王不听令尹子上的劝谏，立商臣为太子，后又欲废黜商臣，结果被商臣率兵包围，逼其自杀。齐庄公与其臣崔杼妻私通，后为崔杼所杀。

⑩吴王、智伯不自知而亡：吴王夫差伐越后头脑膨胀，伍子胥多次劝谏不听，终为越所灭。智伯瑶刚愎自用，与韩、魏围赵襄子于晋阳，后赵与韩、魏暗中联合，灭了智伯。

⑪宋、中山不自知而灭：宋康王狂乱暴虐，为齐所灭。中山国君荒淫无道，为魏文侯所灭。

⑫晋惠公、赵括不自知而虏：晋惠公背信弃义，在韩之战中被秦俘虏。赵括，战国赵人，名将赵奢之子，性高傲，尚空谈，赵孝成王时代廉颇为将，与秦战于长平，全军覆没。据《史记·廉颇蔺相如列传》，赵括战败被杀，与这里被俘的记述不同。

⑬钻荼、庞涓、太子申不自知而死：钻荼、庞涓都是魏惠王将。太子申，魏惠王太子。据《史记·魏世家》，魏惠王三十年（公元前340年），魏伐赵，齐救赵击魏，太子申等与齐战于马陵，大败，太子申被俘，庞涓被杀。

【译文】

要知道平直，一定要依靠水准墨线；要知道方圆，一定要依靠圆规矩尺；君主要想了解自己的过失，一定要依靠正直之士。所以天子设立辅弼，设置师保，这是用来举发天子过错的。人本来就不能了解自己的过失，天子尤为严重。国存身安不用到外部寻求，关键在于了解自己的过失。尧有供想进谏的人敲击的鼓，舜有供书写批评意见的木柱，汤有主管纠正过失的官吏，武王有供告诫君主的人所用的摇鼓。即使这样，他们仍担心不能了解自己的过失。而当今的君主，贤能比不上尧、舜、汤、武，却采取掩蔽视听的做法，这还靠什么了解自己的过失！楚成王、齐庄公因为不了解自己的过失而被杀，吴王、智伯因为不了解自己的过失而灭亡，宋、中山因为不了解自己的过失而绝国，晋惠公、赵括因为不了解自己的过失而被俘，钻荼、庞涓、太子申因为不了解自己的过失而兵败身死，所以没有比不了解自己的过失更坏事的了。

范氏之亡也[①]，百姓有得钟者。欲负而走，则钟大不可负。以椎毁之[②]，钟况然有音[③]。恐人闻之而夺己也，遽掩其耳。恶人闻之可也，恶己自闻之，悖矣。为人主而恶闻其过，非犹此也？恶人闻其过尚犹可。

【注释】

①范氏：指范昭子，名吉射（yì），春秋末年晋六卿之一。亡：出亡，逃亡。范吉射于晋定公二十二年（公元前490年）为赵简子所伐，出亡齐国。一说亡为灭亡，晋出公十七年（公元前458年），智伯与韩、赵、魏共分范氏地，范氏于是灭亡。

②椎（chuí）：木槌。

③况然：形容钟声很响。况，击钟的声音。

【译文】

范氏出亡的时候，有个百姓得到了他的一口钟。这个人想背着钟快点跑开，可是钟太大，没法背，于是就想把钟打碎弄走。拿木槌一敲，钟轰然作响。他怕别人听见钟声来同自己争夺，就急忙把耳朵捂了起来。不愿别人听到钟声是可以的，不愿自己听到就是糊涂了。做君主却不愿听到自己的过失，不正像这种情况一样吗？不愿别人听到自己的过失倒还可以。

魏文侯燕饮[①]，皆令诸大夫论己。或言君之智也[②]。至于任座[③]，任座曰："君不肖君也。得中山不以封君之弟，而以封君之子，是以知君之不肖也。"文侯不说，知于颜色[④]。任座趋而出。次及翟黄，翟黄曰："君贤君也。臣闻其主贤者，其臣之言直。今者任座之言直，是以知君之贤也。"文侯喜曰："可反欤？"翟黄对曰："奚为不可？臣闻忠臣毕其忠，而不敢远其死。座殆尚在于门。"翟黄往视之，任座在于门，以君令召之。任座入，文侯下阶而迎之，终座以为上客[⑤]。文侯微翟黄[⑥]，则几失忠臣矣。上顺乎主心以显贤者，其唯翟黄乎？

【注释】

①燕：通"宴"。

②或言君之智也：此处疑有脱文。《太平御览》

六百二十二引作“或言君仁，或言君义，或言君智”。

③任座：魏文侯臣。

④知：表现，显露。

⑤终座：终座之身，直到任座死。

⑥微：如果没有。

【译文】

魏文侯宴饮，让大夫们评论自己。有的人说君主很仁义，有的人说君主很英明。轮到任座，任座说：“您是个不肖的君主。得到中山国，不把它封给您的弟弟，却把它封给您的儿子，因此知道您不肖。”文侯听了很不高兴，脸色上表现了出来。任座快步走了出去。按次序轮到翟黄，翟黄说：“您是个贤君。我听说君主贤明的，他的臣子言语就直率。现在任座的言语直率，因此我知道您贤明。”文侯很高兴，说：“还能让他回来吗？”翟黄回答说：“怎么不能？我听说忠臣竭尽自己的忠心，即使因此获得死罪也不敢躲避。任座恐怕还在门口。”翟黄出去一看，任座当真还在门口。翟黄就以君主的命令叫他进去。任座进来了，文侯走下台阶来迎接他，此后终生都把任座待为上宾。文侯如果没有翟黄，就差点儿失掉了忠臣。对上能够顺应君主心意来尊显贤者的，大概说的正是翟黄吧！

不苟论·博志

博志，当是“抟志”传写之讹。“抟”通“专”，抟志就是专一其志的意思。本篇主张，不论做什么事情，都应“去其害之者”，即排除各种干扰，“精而熟之”，专心致志，锲而不舍，这样才能获得成功，使技艺达到炉火纯青、出神入化的境界。这个道理，今天看来仍是正确的。篇中关于“物不能两大”即对立着的矛盾双方不能同时得以发展的看法，关于“非鬼告之也，精而熟之也”的看法，反映了作者的唯物主义和朴素的辩证法思想，也是很可宝贵的。

《荀子·解蔽》说：“物不可两也，故知者择一而壹焉。”本文主旨与荀子这一思想是相承的。

先王有大务[①]，去其害之者，故所欲以必得，所恶以必除，此功名之所以立也。俗主则不然，有大务而不能去其害之者，此所以无能成也。夫去害务与不能去害务，此贤不肖之所以分也。

【注释】

①务：事。

【译文】

先王有了大事，就要消除妨害它的因素，所以他所要求的一定能得到，他所憎恶的一定能除掉，这是功成名立的原因。平庸的君主却不是这样，有了大事却不能消除妨害它的因素，这是他不能成功的原因。能不能消除妨害事务的因素，这是贤和不肖判然不同的原因。

使獐疾走，马弗及至[①]，已而得者，其时顾也[②]。骥一日千里，车轻也；以重载则不能数里，任重也[③]。贤者之举事也，不闻无功，然而名不大立、利不及世者，愚不肖为之任也[④]。

【注释】

①及：赶上。

②顾：回头看。獐性多疑善顾，所以拿来作比喻。

③任：负担。

④为之任：成为他的负担。这两句意思是说，贤者本来可以像骐骥一日千里那样大立功名，但是由于不

能“去害务”，为愚不肖所拖累，所以名不大立，就像骐骥以重载不能数里一样。

【译文】

假使獐飞快地奔逃，马是追不上它的，但是不久就被捕获，这是因为它时时回头张望。骥日行千里，是因为车轻；拉重载就一天走不了几里，是因为负担重。贤明的人做事，决不是没有成效，但是名声不能显赫、福泽不能传及后世，是因为有愚昧不肖的人做了他的拖累。

冬与夏不能两刑[①]，草与稼不能两成，新谷熟而陈谷亏，凡有角者无上齿[②]，果实繁者木必庳[③]，用智褊者无遂功[④]，天之数也。故天子不处全[⑤]，不处极，不处盈。全则必缺，极则必反，盈则必亏。先王知物之不可两大[⑥]，故择务，当而处之[⑦]。

【注释】

①刑：通“形”，成。

②凡有角者无上齿：指有些长角的动物如牛、羊等上颚缺门齿及犬齿。

③庳（bì）：低矮。果实繁多，树枝必然被坠下垂。

④用智褊（biǎn）者：指思想偏狭的人。褊，狭窄。无遂功：当作“功无遂”，与上文“亏”、“齿”、“庳”押韵。遂，成。

⑤处（chǔ）：做。

⑥两大：两方面同时得以发展壮大。

⑦当（dàng）：适宜。

【译文】

冬夏两季不能同时形成，野草与庄稼不能一起长大，新粮成熟陈粮就必已亏缺，凡是长角的动物就没有上齿，果实繁多的树木一定长得低矮，思想偏狭的人做事就不会成功，这些都是自然的定则。所以天子做事情，不做得很完美，不做得很极端，不做得很圆满。完美就会转向缺损，极端就会转向反面，满盈就会转向亏失。先王知道事物不能两方面同时发展壮大，所以对于事务要加以选择，适宜做的才做。

孔、墨、宁越[①]，皆布衣之士也。虑于天下，以为无若先王之术者，故日夜学之。有便于学者，无不为也；有不便于学者，无肯为也。盖闻孔丘、墨翟，昼日讽诵习业[②]，夜亲见文王、周公旦而问焉。用志如此其精也[③]，何事而不达[④]？何为而不成？故曰："精而熟之，鬼将告之[⑤]。"非鬼告之也，精而熟之也。今有宝剑良马于此，玩之不厌，视之无倦；宝行良道[⑥]，一而弗复[⑦]。欲身之安也，名之章也[⑧]，不亦难乎！

【注释】

①宁越：战国时赵人，曾为周威王师。

②讽、诵：都是背诵的意思。

③用志：用心。精：纯粹，专一。

④达：实现，成功。

⑤精而熟之，鬼将告之：这两句应是当时谚语。

⑥宝行：可宝贵的行为。良道：善道，好的学说。“宝行良道”是承上文“宝剑良马”而言。

⑦一：做一次。复：再次。

⑧章：显扬。

【译文】

孔丘、墨翟、宁越，都是没有地位的读书人。他们就天下所有事务考虑，认为没有比先王道术再重要的，所以就日夜学习。有利于学的，都去做；不利于学的，就不肯去做了。据说孔丘、墨翟白天背诵经典研习学业，夜里就亲眼见到了文王和周公，当面向他们请教。他们用心如此精深，还有什么做不到？还有什么办不成？所以说：“精心习熟，鬼将告知。”并不是真的有鬼神告知，是因为精心习熟啊！假如有宝剑良马，人们一定会把玩起来不知满足，观赏起来不觉疲倦。而对于嘉言懿行，却稍加尝试就不再钻研实行。这样做，还想使自身平安，名声显扬，不是太困难了吗！

宁越，中牟之鄙人也[①]。苦耕稼之劳，谓其友曰：“何为而可以免此苦也？”其友曰：“莫如学。学三十岁则可以达矣。”宁越曰：“请以十五岁。人将休，吾将不敢休；人将卧，吾将不敢卧。”十五岁而周威公师之[②]。矢之速也，而不过二里，止也；步之迟也，而百舍[③]，不止也。今以宁越之材而久不止，其为诸侯师，岂不宜哉？

【注释】

①中牟：战国赵地，在今河南汤阴西。

②周威公：战国西周国君。

③舍：古代度量单位，三十里为一舍。

【译文】

宁越是中牟的草野之民，苦于耕作的辛劳，对他的友人说："怎样做才能免除这种痛苦呢？"他的友人说："做什么也比不上学习。学习三十年就可以显达了。"宁越说："让我用十五年来实现。别人休息，我不敢休息；别人睡觉，我不敢睡觉。"学了十五年，周威公拜他做了老师。箭的速度很快，射程却不超过二里，因为它飞一段就停了下来；步行速度很慢，却可以走到几百里之外，因为脚步不停。如今凭宁越的才干，又长久不停地努力，他成为诸侯的老师，难道不应该吗？

养由基、尹儒[①]，皆文艺之人也[②]。荆廷尝有神白猿，荆之善射者莫之能中，荆王请养由基射之。养由基矫弓操矢而往[③]，未之射而括中之矣[④]，发之则猿应矢而下[⑤]，则养由基有先中中之者矣[⑥]。尹儒学御，三年而不得焉，苦痛之[⑦]。夜梦受秋驾于其师[⑧]。明日往朝其师。望而谓之曰[⑨]："吾非爱道也[⑩]，恐子之未可与也。今日将教子以秋驾。"尹儒反走，北面再拜曰："今昔臣梦受之[⑪]。"先为其师言所梦，所梦固秋驾矣。上二士者，可谓能学矣，可谓无害之矣，此其所以观后世已⑫。

【注释】

①养由基：春秋楚人，以善射著称。尹儒：人名，善御。

②文艺：指高超的技艺。文，美，善。艺，技艺。

③矫：举。

④未之射而括中之矣：意思是，箭还没射出去，实际上就已经把白猿射中了。括，箭末端扣弦处。这里指箭。

⑤发：把箭射出去。

⑥有先中中之者：大意是，具有在射中目标之前就从精神上把它射中的技艺，极言其用心精深，技艺纯熟。

⑦痛：忧伤。

⑧秋驾：一种驾驭车马的高超技术。

⑨望而谓之曰：这句主语是“其师”。

⑩道：技艺。

⑪今昔：指昨夜。

⑫观：显示。

【译文】

养由基和尹儒都是精通技艺的人。楚国朝廷中曾有一个白色的神猿，楚国善射的人没有一个人能射中，楚王就请养由基来射它。养由基拿着弓箭去了，还没开弓，实际上就把白猿射中了；箭一射出去，白猿就应声坠落，由此看来，养由基具有在射中目标以前就能从精神上把它射中的技艺。尹儒学习驾车，学了三年仍无所得，为此很苦恼。夜里做梦，梦见从老师那里学习秋驾的技艺。第二天去拜见老师。老师看见他，就说："我从前并不是吝惜技艺舍不得教你，是怕你还不可教授。今天我将教给你秋驾的方法。"尹儒转身后退几步，向北再拜说："这种技艺我昨天夜里在梦中已经学了。"他先向老师叙述自己所梦到的，梦到的正是秋驾的技艺。以上这两位士人，可算是能学习了，可以说没有什么东西能妨害他们了，这正是他们扬名后世的原因啊！

似顺论·似顺

本篇旨在强调正确认识事物的本质。文章指出："事多似倒而顺，多似顺而倒。有知顺之为倒，倒之为顺者，则可与言化矣。"这说明作者已经感觉到现象与本质之间的矛盾，意识到透过现象看本质的重要。庄王伐陈、完子败军、尹铎增垒三个故事，使我们看到只有从事物的联系、发展、转化入手，深入地进行分析，才能获得符合实际的认识。文章包含了较为深刻的辩证法思想，今天读来仍可受到一定启发。

事多似倒而顺[①]，多似顺而倒。有知顺之为倒，倒之为顺者，则可与言化矣[②]。至长反短[③]，至短反长[④]，天之道也。

【注释】

①倒：逆。指违背事理。顺：一致。指合于事理。

②化：事物发展变化的趋势。

③至长反短：指夏至白天最长，过了夏至反要逐渐缩短。至，极，最。

④至短反长：指冬至白天最短，过了冬至反要逐渐变长。

【译文】

事情有很多似乎悖理其实是合理的，有很多似乎合理其实是悖理的。如果有人知道表面合理其实悖理，表面悖理其实合理的道理，就可以跟他谈论事物的发展变化了。白天到了最长的时候就要反过来变短，到了最短的时候就要反过来变长，这是自然的规律。

荆庄王欲伐陈，使人视之。使者曰："陈不可伐也。"庄王曰："何故？"对曰："城郭高[①]，沟洫深[②]，蓄积多也。"宁国曰[③]："陈可伐也。夫陈，小国也，而蓄积多，赋敛重也，则民怨上矣。城郭高，沟洫深，则民力罢矣。兴兵伐之，陈可取也。"庄王听之，遂取陈焉。

【注释】

①城郭：泛指城墙。郭，外城。

②沟洫（xù）：指护城河。洫，沟渠。

③宁国：楚臣。

【译文】

楚庄王打算进攻陈国，派人去察看陈国的情况。派去的人回来说："陈国不能进攻。"庄王说："什么缘故？"回答说："陈国城墙很高，护城河很深，蓄积的粮食财物很多。"宁国说："照这样说，陈国是可以进攻的。陈国是个小国，蓄积的粮食财物却很多，说明它的赋税繁重，那么人民就怨恨君主了。城墙高，护城河深，那么民力就凋敝了。起兵进攻它，陈国是可以攻取的。"庄王听从了宁国的意见，于是攻取了陈国。

田成子之所以得有国至今者[①]，有兄曰完子，仁且有勇。越人兴师诛田成子[②]，曰："奚故杀君而取国[③]？"田成子患之。完子请率士大夫以逆越师，请必战，战请必败，败请必死。田成子曰："夫必与越战可也，战必败，败必死，寡人疑焉。"完子曰："君之有国也，百姓怨上，贤良又有死之臣蒙耻。以完观之也，国已惧矣[④]。今越人起师，臣与之战，战而败，贤良尽死，不死者不敢入于国。君与诸孤处于国[⑤]，以臣观之，国必安矣。'完子行，田成子泣而遣之。夫死败，人之所恶也，而反以为安，岂一道哉[⑥]？故人主之听者与士之学者，不可不博。

【注释】

①田成子：春秋末齐国大夫，名田恒（陈恒），又称田常（陈常），谥成子。为齐简公、平公相，独揽齐国大权，注意争取民心，其后取代姜姓做了齐国国君。

②诛：讨伐。

③君：指齐简公，为田成子所杀。

④惧：值得忧惧。

⑤孤：指战死者的后代。

⑥道：指做事的方法。

【译文】

田成子所以能够享有齐国直至今天，原因是这样的。他有个哥哥叫完子，仁爱而且勇敢。越国起兵讨伐田成子，说："为什么杀死国君而夺取他的国家？"田成子对此很忧虑。完子请求率领士大夫迎击越军，并且要求准许自己一定同越军交战，交战还要一定战败，战败还要一定战死。田成子说："一定同越国交战是可以的，交战一定要战败，战败还要一定战死，这我就不明白了。"完子说："您据有齐国，百姓怨恨您，贤良之中又有敢死之臣认为蒙受了耻辱。据我看来，国家已经令人忧惧了。如今越国起兵，我去同他们交战，如果交战失败，随我去的贤良之人就会全部死掉，即使不死的人也不敢回到齐国来。您和他们的遗孤居于齐国，据我看来，国家一定会安定了。"完子出发，田成子哭着为他送别。死亡和失败，这是人们所厌恶的，而完子反使齐国借此得以安定，做事情岂止有一种方法呢！所以听取意见的君主和学习道术的士人，所听所学不可不广博。

尹铎为晋阳[①]，下[②]，有请于赵简子。简子曰："往而夷夫垒[③]。我将往，往而见垒，是见中行寅与范吉射也。"铎往而增之。简子上之晋阳，望见垒而怒曰："嘻！铎也欺我！"于是乃舍于郊[④]。将使人诛铎也。孙明进谏曰[⑤]："以臣私之[⑥]，铎可赏也。铎之言固曰[⑦]：见乐则淫侈，见忧则诤治[⑧]，此人之道也。今君见垒念忧患，而况群臣与民乎？夫便国而利于主，虽兼于罪[⑨]，铎为之。夫顺令以取容者[⑩]，众能之，而况铎欤？君其图之！"简子曰："微子之言，寡人几过。"于是乃以免难之赏赏尹铎[⑪]。人主太上喜怒必循理[⑫]，其次不循理，必数更[⑬]，虽未至大贤，犹足以盖浊世矣。简子当此。世主之患，耻不知而矜自用[⑭]，好愎过而恶听谏[⑮]，以至于危。耻无大乎危者。

【注释】

①尹铎：赵简子的家臣。为：治。晋阳：春秋晋邑，赵简子的封地，在今山西太原。

②下：指由晋阳来到晋国国都新绛（今山西曲沃）。晋阳地势高，新绛地势低，分别处于汾水上、下游，所以从晋阳到新绛称"下"。当时赵简子为晋国执政大臣，居于国都。

③夷：平。夫：指示代词，那。垒：军营的墙壁。晋卿中行（háng）寅（荀寅）与范吉射曾率军围赵简子于晋阳，这些营垒即中行氏与范氏所筑。

④舍：驻扎。

⑤孙明：赵简子家臣。

⑥私：私下考虑。

⑦固：本来。以下是孙明揣度尹铎的想法。

⑧诤：争，竞相。

⑨兼：加倍。

⑩取容：取悦于人。

⑪免难之赏：使君主免于患难的重赏。尹铎增高营垒，使简子警惧戒备，这样就可以免于患难。

⑫太上：指德行最高的。

⑬更：改变。这里指改变喜怒不循理的做法。

⑭矜：骄傲自负。自用：自以为是，依己意而行。

⑮愎（bì）过：坚持错误。愎，执拗，固执。

【译文】

尹铎治理晋阳，到新绛向简子请示事情。简子说："去把那些营垒拆平。我将到晋阳去，如果去了看见营垒，这就像看见中行寅和范吉射似的。"尹铎回去以后，反倒把营垒增高了。简子上行到晋阳，望见营垒，生气地说："哼！尹铎欺骗了我！"于是住在郊外，要派人把尹铎杀掉。孙明进谏说："据我私下考虑，尹铎是该奖赏的。尹铎的意思本来是说：遇见享乐之事就会恣意放纵，遇见忧患之事就会励精图治，这是人之常理。如今君主见到营垒就想到了忧患，又何况群臣和百姓呢？有利于国家和君主的事，即使加倍获罪，尹铎也宁愿去做。顺从命令以取悦于君主，一般人都能做到，又何况尹铎呢？希望您好好考虑一下！”简子说：“如果没有你这一番话，我几乎犯了错误。”于是就按使君主免于患难的赏赐赏了尹铎。德行最高的君主，喜怒一定依理而行；次一等的，虽然有时不依理而行，但一定经常改正。这样的君主虽然还没有达到大贤的境地，仍足以超过乱世的君主了。简子跟这类人相当。当今君主的弊病，在于把不知当作羞耻，把自行其事当作荣耀，喜欢坚持错误而厌恶听取规谏之言，以至于陷入危险的境地。耻辱当中没有比使自己陷入危险再大的。

似顺论·别类

本篇重点阐述“类固不必”的思想。文章以莘藟金锡等物为例，说明事物都有其特殊性，而且都处在发展变化之中。文章批评了不知别类、对事物笼统类推的错误做法，并指出，人对客观事物的认识是不可穷尽的，对于一时尚未知其所以然的事物，首先要顺应其自然，而不要凭主观进行猜测。

本文反映了作者对“类”的概念的重视，这在认识论上是很有价值的。特别是其中蕴涵的事物在一定条件下发生转化、对具体事物要进行具体分析的思想，尤其可贵。

知不知，上矣[①]。过者之患，不知而自以为知。物多类然而不然[②]，故亡国僇民无已[③]。夫草有莘有藟[④]，独食之则杀人，合而食之则益寿。万堇不杀[⑤]。漆淖水淖[⑥]，合两淖则为蹇[⑦]，湿之则为干[⑧]。金柔锡柔[⑨]，合两柔则为刚，燔之则为淖[⑩]。或湿而干，或燔而淖，类固不必[⑪]，可推知也？

【注释】

①上：高明。

②类：类似。

③僇：通“戮”，被杀戮。

④莘（xīn）、藟（lěi）：都是有毒的药草。

⑤万：“虿”（chài）的古字。虿，蝎子，可以作为药物使用。堇（jǐn）：紫堇，药草名，有毒。

⑥淖（nào）：本为烂泥。这里指流体。

⑦蹇（jiǎn）：凝固，干硬。漆遇到水气容易干燥。

⑧之：指漆。

⑨金：铜。

⑩燔（fán）：烧。

⑪必：一定。这里指固定不变。

【译文】

知道自己有所不知，就可说是高明了。犯错误人的弊病，正在于不知却自以为知。很多事物都是好像如此其实并不如此，很多人也是似乎很聪明其实并不聪明，所以国家被灭亡、百姓被杀戮的事情才接连不断地发生。药草有莘有藟，单独服用会致死，合在一起服用却会益寿。蝎子和紫堇都是毒药，配在一起反倒毒不死人。漆是流体，水也是流体，漆与水相遇却会凝固，越是潮湿就干得越快。铜很柔软，锡也很柔软，二者熔合起来却会变硬，而用火焚烧又会变成流体。有的东西弄湿反倒变得干燥，有的东西焚烧反倒变成流体，物类本来就不是固定不变的，怎么能够推知呢？

小方[①]，大方之类也；小马，大马之类也；小智[②]，非大智之类也。

【注释】

①方：方形。

②小智：指孤立地、片面地看问题的思想方法，如下文公孙绰、高阳应之类。小智“好小察而不通乎大理”，所以和“通乎大理”的“大智”不同类。

【译文】

小的方形跟大的方形是同类的；小马跟大马是同类的；小聪明跟大聪明却不是同类的。

鲁人有公孙绰者，告人曰：“我能起死人[①]。”人问其故，对曰：“我固能治偏枯[②]，今吾倍所以为偏枯之药[③]，则可以起死人矣。”物固有可以为小，不可以为大，可以为半，不可以为全者也。

【注释】

①起：治活。

②偏枯：偏瘫，半身不遂。

③倍：加倍。为：治。

【译文】

鲁国有个叫公孙绰的人，告诉别人说："我能使死人复活。"别人问他这是什么缘故，他回答说："我本来就能治疗偏瘫，现在我把治疗偏瘫的药加倍，就可以使死人复活了。"公孙绰并不懂得，有的事物本来就只能在小处起作用，却不能在大处起作用，只能对局部起作用，却不能对全局起作用。

相剑者曰："白所以为坚也①，黄所以为牣也②，黄白杂则坚且牣，良剑也。"难者曰③："白所以为不牣也，黄所以为不坚也，黄白杂则不坚且不牣也。又柔则锩④，坚则折。剑折且锩，焉得为利剑？"剑之情未革⑤，而或以为良，或以为恶⑥，说使之也⑦。故有以聪明听说，则妄说者止；无以聪明听说，则尧、桀无别矣。此忠臣之所患也，贤者之所以废也⑧。

【注释】

①白：锡所表现出的颜色。铜中加锡可增加合金硬度。

②黄：铜所表现出的颜色。牣：通"韧"。

③难（nàn）：诘责，反驳。

④锩（juǎn）：刀剑的刃卷曲。

⑤情：实情，实质。革：改变。

⑥恶：坏，不好。

⑦说：解释。

⑧废：废弃，不被任用。

【译文】

相剑的人说："白色是表示剑坚硬的，黄色是表示剑柔韧的，黄白相杂，就表示既坚硬又柔韧，就是好剑。"反驳的人说："白色是表示剑不柔韧的，黄色是表示剑不坚硬的，黄白相杂，就表示既不坚硬又不柔韧。而且柔韧就会卷刃，坚硬就会折断。剑既易折又卷刃，怎么能算利剑？"剑的实质没有变化，而有的认为好，有的认为不好，这是人为的议论造成的。所以，如果能凭耳聪目明来听取议论，那么胡乱议论的人就得住口；不能凭耳聪目明听取议论，就会连议论的人是尧是桀也分辨不清了。这正是忠臣对君主感到忧虑的地方，也是贤人被废弃不用的原因。

义，小为之则小有福，大为之则大有福。于祸则不然，小有之不若其亡也[①]。射招者欲其中小也[②]，射兽者欲其中大也。物固不必，安可推也？

【注释】

①亡（wú）：无。

②招：射箭的目标，箭靶。射箭时射中的目标越小越能显示技艺高超，所以"欲其中小"。

【译文】

符合道义的事，小做就得小福，大做就得大福。灾祸则不是这样，稍有灾祸也不如没有好。射靶子的人希望射中的目标越小越好，射野兽的人则希望射中的野兽越大越好。事物本来就不是固定不变的，怎么能够推知呢？

高阳应将为室家[1]，匠对曰[2]："未可也。木尚生[3]，加涂其上[4]，必将挠。以生为室，今虽善，后将必败[5]。"高阳应曰："缘子之言[6]，则室不败也。木益枯则劲[7]，涂益干则轻，以益劲任益轻[8]，则不败。"匠人无辞而对，受令而为之。室之始成也善，其后果败。高阳应好小察[9]，而不通乎大理也。

【注释】

①高阳应：宋人，姓高阳，名应。

②匠：木匠。

③生：指木材湿。

④涂：泥。

⑤败：坏。这里指倒坍。

⑥缘：顺着，按照。

⑦劲：坚强有力。

⑧任：承担。

⑨小察：在小处明察。

【译文】

高阳应打算建造房舍，木匠答复说："现在还不行。木料还湿，上面再加上泥，一定会被压弯。用湿木料盖房子，现在虽然很好，以后一定要倒坍。”高阳应说：“照你所说，房子恰恰不会倒坍。木料越干就会越结实有力，泥越干就会越轻，用越来越结实的东西承担越来越轻的东西，肯定不会倒坍。”木匠无言以对，只好奉命而行。房子刚落成时很好，后来果然倒坍了。高阳应是喜欢在小处明察，却不懂得大道理啊！

骥、骜、绿耳背日而西走[①]，至乎夕则日在其前矣。目固有不见也，智固有不知也，数固有不及也[②]。不知其说所以然而然[③]，圣人因而兴制[④]，不事心焉[⑤]。

【注释】

①骥、骜（ào）：千里马。绿耳：良马名，传为周穆王八骏之一。

②数：术，道术。

③不知其说所以然而然：意思是，人们不能解释那些事理为什么会是这样，但它确实就是这样。

④兴制：创订制度。

⑤事心：用心，指凭主观进行判断。

【译文】

骥、骜、绿耳等良马背朝太阳向西奔跑，到了傍晚，太阳仍在它们的前方。眼睛本来就有看不到的东西，智慧本来就有弄不明白的道理，道术本来就有解释不了的地方。

人们不知道一些事物的所以然，但它们确实就是这样，圣人就顺应自然创制制度，不在一时不懂的地方主观臆断。

似顺论·慎小

本篇旨在告诫君主要慎于小事，防微杜渐。慎于小事，就会取信于民，取贤名于天下。对小事不慎，就可能酿成杀身失国的大祸。文中说："巨防容蝼，而漂邑杀人；突泄一熛，而焚宫烧积。"这个道理今天仍是不可忘记的。

上尊下卑。卑则不得以小观上。尊则恣，恣则轻小物，轻小物则上无道知下，下无道知上。上下不相知，则上非下，下怨上矣。人臣之情，不能为所怨；人主之情，不能爱所非。此上下大相失道也。故贤主谨小物以论好恶[1]。

【注释】

①论：明，表明。好恶（hàowù）：爱憎。

【译文】

主上地位尊贵，臣下地位低贱。地位低贱就不能通过小事观察了解主上。地位尊贵就会骄恣，骄恣就会忽视小事，忽视小事，主上就没有途径了解臣下，臣下也没有途径了解主上。上下互相不了解，主上就会责怪臣下，臣下就会怨恨主上了。就人臣的常情来说，不能为自己所怨恨的君主尽忠竭力；就君主的常情来说，也不能喜爱自己所责怪的臣下。这是造成上下严重隔膜的原因。所以贤明的君主慎重对待小事，以表明自己的爱憎。

巨防容蝼[1]，而漂邑杀人[2]。突泄一熛[3]，而焚宫烧积[4]。将失一令，而军破身死。主过一言[5]，而国残名辱，为后世笑。

【注释】

①防：堤。

②漂：浮起。

③突：烟囱。熛（biāo）：迸飞的火花。

④宫：房屋。积：积聚。指粮食财物。

⑤一言：一句话。

【译文】

大堤中伏藏一只蝼蛄，就会引起水灾，冲毁城邑，淹死民众。烟囱里漏出一个火星，就会引起大火，焚毁宫室，烧掉积聚。将领下错一道命令，就会招致兵败身死。君主说错一句话，就会导致国破名辱，被后世讥笑。

卫献公戒孙林父、宁殖食[①]。鸿集于囿[②]，虞人以告[③]，公如囿射鸿。二子待君，日晏[④]，公不来至。来，不释皮冠而见二子[⑤]。二子不说，逐献公，立公子黚[⑥]。

【注释】

①卫献公：春秋卫国君，名衎（kàn），公元前576年即位，前559年被逐出亡，前547年又返国复位，前544年卒。戒：告诫，叮嘱。这里是约的意思。孙林父（fǔ）、宁殖：都是卫大夫，又称孙文子、宁惠子。

②鸿：大雁。囿：天子诸侯畜养禽兽以供打猎的地方。

③虞人：管理苑囿的官吏。

④晏：晚。

⑤皮冠：田猎时戴的用白鹿皮制成的帽子。按照礼节，国君见臣属应脱去皮冠，“不释皮冠”是一种不礼貌

的举动。

⑥公子黚（qián）：据《左传》，二人所立为献公之弟公孙剽，即卫殇公，《史记·卫世家》则谓“立定公弟秋为卫君”。

【译文】

卫献公约孙林父、宁殖吃饭。正巧有雁群落在苑囿，虞人把它报告给献公，献公就去苑囿射雁。孙林父、宁殖两个人等待国君，天色已晚，献公还不回来。回来以后，又连皮冠也不摘就与二人见礼。孙林父和宁殖很不高兴，就驱逐了献公，立公子黚为君。

卫庄公立[①]，欲逐石圃[②]。登台以望，见戎州[③]，而问之曰："是何为者也？"侍者曰："戎州也。"庄公曰："我姬姓也[④]，戎人安敢居国？"使夺之宅，残其州。晋人适攻卫，戎州人因与石圃杀庄公，立公子起[⑤]。此小物不审也。人之情，不蹶于山而蹶于垤[⑥]。

【注释】

①卫庄公：春秋末卫国君，卫灵公之子，名蒯聩（kuǎikuì），公元前534—前493年在位。

②石圃：卫大夫。

③戎州：戎人聚居的城邑。

④姬姓：周王室之姓。卫国祖先卫康叔为周武王之弟，卫为姬姓国。这里庄公是说自己为周宗室，地位尊贵。

⑤公子起：卫灵公之子，卫庄公弟，名起。

⑥蹶：跌倒。垤（dié）：蚁封，蚂蚁做窝时堆在穴口的小土堆。

【译文】

卫庄公立为国君，打算驱逐石圃。有一次，他登上高台远望，看到了戎州，就问道："这是做什么的？"侍从说："这是戎州。"庄公说："我和周天子同为姬姓，戎人怎么敢住在我的国家！"派人抢夺戎人的住宅，毁坏他们的州邑。这时恰好晋国攻卫，戎州人乘机跟石圃一起攻杀庄公，立公子起为君。这是由于对小事不谨慎造成的。人之常情都是如此，谁也不会被高山绊倒，却往往会被蚁封绊倒。

齐桓公即位，三年三言，而天下称贤，群臣皆说。去肉食之兽，去食粟之鸟，去丝罝之网[①]。

【注释】

①罝（jū）：捕兽的网。

【译文】

齐桓公做了国君，三年只说了三句话，天下就称颂他的贤德，群臣也都很高兴。这三句话是：去掉苑囿中吃肉的野兽，去掉宫廷中吃粮食的鸟雀，去掉用丝编织的兽网。

吴起治西河[①]，欲谕其信于民[②]，夜日置表于南门之外[③]，令于邑中曰："明日有人偾南门之外表者[④]，仕长大夫[⑤]。"明日日晏矣，莫有偾表者。民相谓曰："此必不信[⑥]。"有一人曰："试往偾表，不得赏而已，何伤？"往偾表，来谒吴起[⑦]。吴起自见而出，仕之长大夫。夜日又复立表，又令于邑中如前。邑人守门争表，表加植[⑧]，不得所赏。自是之后，民信吴起之赏罚。赏罚信乎民，何事而不成，岂独兵乎？

【注释】

①西河：战国魏地，地在黄河以西。在今陕西大荔。

②谕：告诉，使知道。

③夜日：前一天。表：木柱。

④偾（fèn）：仆倒。这里是使仆倒的意思。

⑤长（zhǎng）大夫：上大夫，古官名。

⑥信：真实。

⑦谒：告。

⑧植：树立。

【译文】

吴起治理西河，想向百姓表明自己的信用，就派人前一天在南门外树起一根木柱，对全城百姓下令说："明天如果有人能把南门外的木柱扳倒，就让他做长大夫。"第二天直到天黑，也没有人去扳倒木柱。人们一起议论说："这些话一定不是真的。"有一个人说："我去把木柱扳倒试试，最多得不到赏赐罢了，有什么妨害？"这个人去扳倒了木柱，来禀告吴起。吴起亲自接见他，把他送出来，任他为长大夫。而后又在前一天立起木柱，像前一次一样又对全城百姓下了命令。全城人都围在南门争相去扳木柱，木柱埋得很深，谁也没有得到赏赐。从此以后，百姓相信了吴起的赏罚。赏罚取信于百姓，做什么做不成？岂止是用兵呢！

士容论·上农

上农的意思是尊尚农业，也就是重农。本篇旨在阐述农业生产的重要性和农业政策。作者认为，重农不只是为了获得土地生产之利，更重要的是可以使农民淳朴易用，安居死处。因此，重农实为消除动乱、富国强兵的根本，是一种重要的治国方略。作者正是从这一认识出发，提出了关于农业生产的各种政令，中心思想是要强本抑末，不违农时，以利于发展农业生产。

据《汉书·艺文志》，战国时农家学派的著作有《神农》、《野老》等，但后来都已失传。《上农》等篇可能采自古代农书并经过作者的加工改造，是现存最早的关于古代农业生产的文字材料，对于研究吕不韦的重农思想，研究古代农业生产发展史和农学史，具有非常重要的价值。

古先圣王之所以导其民者，先务于农。民农非徒为地利也[①]，贵其志也[②]。民农则朴，朴则易用，易用则边境安，主位尊。民农则重[③]，重则少私义[④]，少私义则公法立[⑤]，力专一。民农则其产复[⑥]，其产复则重徙[⑦]，重徙则死其处而无二虑。民舍本而事末则不令[⑧]，不令则不可以守，不可以战[⑨]。民舍本而事末则其产约[⑩]，其产约则轻迁徙[⑪]，轻迁徙则国家有患皆有远志，无有居心。民舍本而事末则好智，好智则多诈，多诈则巧法令[⑫]，以是为非，以非为是。

【注释】

①农：用如动词，从事农业。地利：土地生产之利。

②贵：用如使动。

③重：稳重，持重。

④义：通“议”。

⑤立：建立，确立。

⑥产：家产。指土地、农具等。复：繁多。

⑦重：以……为重，觉得难办。

⑧本：根本，指农业。末：末业，指工商。不令：不受令，不听从命令。

⑨战：指进攻。

⑩约：简易。商人家产主要是金钱货物，较农民的土地农具易于搬迁。

⑪轻：看轻，不在乎。

⑫巧法令：在法令上要机巧。

【译文】

古代圣王引导他的百姓的方略，首先是致力于农业。使百姓从事农业，不仅是为了土地生产之利，而且是为了陶冶他们的心志。百姓从事农业思想就会淳朴，淳朴就容易役使，容易役使边境就会安全，君主的地位就会尊崇。百姓从事农业作风就会持重，持重就会很少私下发表议论，很少私下发表议论国家的法制就能确立，民力就能专一。百姓从事农业家产就繁多，家产繁多就会不愿迁徙，不愿迁徙就会老死故乡而没有别的考虑。百姓舍弃农业而从事工商就会不听从命令，不听从命令就不能依靠他们防守，不能依靠他们攻战。百姓舍弃农业从事工商家产就简单，家产简单就会随意迁徙，随意迁徙，国家遭遇患难就都想远走高飞，没有安居之心。百姓舍弃农业从事工商，就会喜好耍弄智谋，喜好耍弄智谋行为就诡诈多端，行为诡诈多端就会在法令上要机巧，把对的说成错的，把错的说成对的。

后稷曰[①]："所以务耕织者，以为本教也[②]。"是故天子亲率诸侯耕帝籍田[③]，大夫士皆有功业[④]。是故当时之务[⑤]，农不见于国[⑥]，以教民尊地产也[⑦]。后妃率九嫔蚕于郊[⑧]，桑于公田[⑨]，是以春秋冬夏皆有麻枲丝茧之功[⑩]，以力妇教也[⑪]。是故丈夫不织而衣，妇人不耕而食，男女贸功以长生[⑫]，此圣人之制也。

【注释】

①后稷曰：下面所引后稷之言当是古农书上的话，出自古农家的假托。

②本教：根本的教化。

③籍田：古代供帝王举行亲耕仪式的田地，其出产用于宗庙祭祀。

④功业：职事。这里指在举行籍田之礼时需要完成的劳动。《孟春纪》载籍田之礼，“天子三推，三公正推，卿诸侯大夫九推”。

⑤时：农时。务：急务。

⑥见（xiàn）：出现。国：这里指都邑。

⑦地产：土地的生产。

⑧蚕：用如动词，养蚕。

⑨桑：用如动词，采桑。

⑩枲（xǐ）：麻的雄株。功：事。

⑪力：致力，尽力。妇教：对妇女的教化。

⑫贸：交换。功：功效，指劳动所得。长（zhǎng）生：延续生命，生存。

【译文】

后稷说：“所以要致力于耕织，是因为这是教化的根本。”因此天子亲自率领诸侯耕种籍田，大夫、士也都有各自的职事。正当农事大忙的时候，农民不得在都邑出现，以此教育他们重视田地里的生产。后妃率领九嫔到郊外养蚕，到公田采桑，因而一年四季都有绩麻缫丝等事情要做，以此来致力于对妇女的教化。所以男子不织布却有衣穿，妇女不种田却有饭吃，男女交换劳动所得以维持生活，这是圣人的法度。

故敬时爱日[①]，非老不休，非疾不息，非死不舍。上田夫食九人[②]，下田夫食五人，可以益，不可以损。一人治之，十人食之[③]，六畜皆在其中矣[④]。此大任地之道也[⑤]。

【注释】

①敬：慎。爱：爱惜。

②上田：上等田地。夫：成年男子。这里指一夫所耕之田。《司马法》："亩百为夫。"食（sì）：供养。

③一人治之，十人食之：一个人种田，供十个人消费。上文说"上田夫食九人"，加上农夫自己，共为十人。

④六畜皆在其中：指把饲养的六畜也包括在内统一计算。古代耕牧结合，每个农夫配给的耕地数量相同，但上等田地配给的牧地少，下等田地配给的牧地多，以期每个农夫总的生产量（包括粮食、牲畜）相当。上句规定每个农夫生产的粮食要供十人消费，但下等田地的粮食产量不可能这样多，所以这里加以申说，指出"十人食之"是总的规定，下田的农夫把牲畜折合起来计算，也应达到这个标准。

⑤任地：使用土地。

【译文】

所以，要慎守农时，爱惜光阴，不是年老不得停止劳作，不是患病不得休息，不到死日不得弃舍农事。种上等田地，每个农夫要供养九个人，种下等田地，每个农夫要供养五个人，供养的人数只能增加，不能减少。总之，一个人种田，要供十个人消费，饲养的各种家畜都包括在这一要求之内，可以折合计算。这是充分利用土地的方法。

故当时之务，不兴土功，不作师徒[①]。庶人不冠弁、娶妻、嫁女、享祀[②]，不酒醴聚众[③]；农不上闻[④]，不敢私籍于庸[⑤]。为害于时也。然后制野禁[⑥]。苟非同姓，农不出御[⑦]，女不外嫁[⑧]，以安农也。野禁有五：地未辟易[⑨]，不操麻[⑩]，不出粪[⑪]；齿年未长[⑫]，不敢为园囿[⑬]；量力不足，不敢渠地而耕[⑭]；农不敢行贾；不敢为异事。为害于时也。然后制四时之禁[⑮]：山不敢伐材下木，泽人不敢灰僇[⑯]，缳网罝罦不敢出于门[⑰]，罛罟不敢入于渊[⑱]，泽非舟虞不敢缘名[⑲]。为害其时也。若民不力田，墨乃家畜[⑳]。国家难治，三疑乃极[㉑]。是谓背本反则，失毁其国。

【注释】

①作：兴。师徒：军队。

②冠弁（guànbiàn）：用如动词，举行冠礼。弁，皮冠。古代男子二十岁时要举行冠礼，以示进入成年。享祀：祭祀。享，进献。

③酒醴：用如动词，置酒。醴，甜酒。

④上闻：赐爵的一种，得此爵则名字可通于官府。

⑤籍：通“藉”(jiè)，借。庸：雇工。这个意义后来写作“佣”。“农不上闻，不敢私籍于庸”是为了使富裕农民也不脱离劳动。

⑥然后制野禁：此句疑为错简，当在下文“以安农也”句下，与“野禁有五”句相连。野禁，关于乡野的禁令。野，郊野，田间，对都邑而言。

⑦农：指从事农耕的男子。出御：从外地娶妻。御，娶妻。

⑧女：未婚女子。古代男女同姓不婚，以上三句是规定男女嫁娶要在本地异姓中择偶，但如本地皆为同姓，则可不受此规定限制。

⑨辟易：整治。辟，耕垦。易，治。

⑩操麻：操作麻事，即从事绩麻等劳动。

⑪出粪：清除污秽，指打扫房舍等。粪，秽物。对农民来说，整治土地是农作中最先要做好的工作，这个工作没完成，不能去做绩麻等工作。

⑫齿年：年龄。长(zhǎng)：上年纪。

⑬园：栽种果树的地方。囿：饲养禽兽的地方。园囿的劳动较轻，所以禁止青壮年去做。

⑭渠：大，使……大，扩大。这句是禁止农民在力所不及的情况下扩大耕地，因为这样一来会在农忙时顾此失彼。

⑮四时之禁：在各个季节所应遵守的禁令。以下所说，都是在规定季节外禁止去做的，因为这些事如不在一定季节去做，就会影响草木禽兽的滋长繁殖，而

且会耽搁农时。

⑯灰：用如动词，烧草木成灰。僇：通“戮”。这里指割草。

⑰缳（huán）：罗网。罝（jū）：捕兽网。罦（fú）：捕鸟网。

⑱罛（gū）、罟（gǔ）：都是捕鱼的网。

⑲舟虞：官名，负责管理舟船。缘名：未详。译文姑参照李宝淦、夏纬英说。

⑳墨：通“没”，没收。乃：略同“其”。畜：积蓄，财产。

㉑三：指农、工、商三类人。疑：通“拟”，仿效。

【译文】

所以，正当农事大忙的时候，不要大兴土木，不要进行战争。平民如果不是加冠、娶妻、嫁女、祭祀，就不得摆酒聚会；农民如果不是名字通于官府，就不得私自雇人代耕。因为这些事都妨害农时。如果不是因为同姓不婚的缘故，男子就不得从外地娶妻，女子也不得出嫁到外地，以便使农民安居一地。然后要规定关于乡野的禁令。乡野的禁令有五条：土地尚未整治，不得绩麻，不得扫除污秽；未上年纪，不得从事园囿中的劳动；估计力量不足，不得扩大耕地；农民不得经商；不得去做其他的事情。因为这些事都妨害农时。还要规定各个季节的禁令：不到适当季节，山中不得伐木取材，水泽地区不得烧灰割草，捕取鸟兽的罗网不得带出门外，鱼网不得下水，不是主管舟船的官员不得借口行船。因为这些事都妨害农时。如果百姓不尽力于农耕，就没收他们的家产。因为不这样做，农、工、商就会互相仿效，国家难于治理就会达到极点。这就叫做背离根本，违反法则，就会导致国家的丧亡毁灭。

凡民自七尺以上[①]，属诸三官[②]：农攻粟[③]，工攻器，贾攻货。时事不共[④]，是谓大凶。夺之以土功，是谓稽[⑤]，不绝忧唯[⑥]，必丧其秕[⑦]；夺之以水事[⑧]，是谓籥[⑨]，丧以继乐[⑩]，四邻来虚[⑪]；夺之以兵事，是谓厉[⑫]，祸因胥岁[⑬]，不举铚艾[⑭]。数夺民时，大饥乃来[⑮]。野有寝耒[⑯]，或谈或歌，旦则有昏[⑰]，丧粟甚多。皆知其末[⑱]，莫知其本真[⑲]。

【注释】

①七尺：指成年。古代尺小，七尺为成人身高。

②属：使归属。三官：指农、工、商三种职业。官，这里指职业、职事。

③攻：治，进行、从事某种工作。

④时：农时。事：农事。共：同，一致。

⑤稽：迟延。指延误农时。

⑥唯：通“惟”，思虑。

⑦必丧其秕（bǐ）：意思是，一定连秕谷也收获不到。秕，空的不饱满的谷粒。

⑧水事：治水之事。

⑨籥（yuè）：通“瀹”，浸渍。这是一种比喻说法，意思是“夺之以水事”就像把农民浸泡在水里一样。

⑩丧以继乐：即以丧继乐，意思是，治水本是好事

（“乐”），但由于时间不对，结果使农民丧失收成（“丧”）。

⑪虚：当作“虐”。虐，残害。

⑫厉：虐害。

⑬胥岁：全年。这里是整年连续不断的意思。胥，皆，尽。

⑭不举铚（zhì）艾（yì）：用不着开镰收割，意思是地里毫无收成。铚，收割用的短镰。艾，收割。

⑮饥：饥荒。

⑯寝耒（lěi）：闲置不用的农具。耒，泛指农具。

⑰有：通“又”。

⑱末：末节。

⑲本真：根本。这里指重农。

【译文】

凡是百姓，自成年以上，就分别归属于农、工、商三种职业。农民生产粮食，工匠制作器物，商人经营货物。举措与农时不相适应，这叫做不祥之至。以大兴土木侵夺农时，叫做“延误”，百姓就会忧思不断，田里一定连秕谷也收不到；以治理水患侵夺农时，叫做“浸泡”，悲丧就会继欢乐之后来到，四方邻国就会来侵害；用进行战争侵夺农时，叫做“虐害”，灾祸就会终年不断，根本不用开镰收割。连续侵夺百姓农时，严重的饥荒就会发生。田中到处是闲置的农具，农民有的闲谈，有的唱歌，早上看是如此，到傍晚仍照旧。农民人人无心劳动，损失的粮食必定很多。人们看到了这种现象，却没有谁知道重农这个根本。